DIENSTBÜHL • SOMMER

Sicherheit für Mitarbeiter im Öffentlichen Dienst

Sicherheit für Mitarbeiter im Öffentlichen Dienst

Gefahrensituationen erkennen, Schutzkonzepte entwickeln

Prof. Dr. Dorothee Dienstbühl
Hochschule für Polizei
und öffentliche Verwaltung (HSPV)
Nordrhein-Westfalen,
Fachbereich Polizei

Nadja Sommer
Dipl. Sozialwirtin,
Agentur für Arbeit, Göttingen

BOORBERG

Nationalbibliothek verzeichnet diese Publikation in der Deutschen Nationalbibliografie; detaillierte bibliografische Daten sind im Internet über www.dnb.de abrufbar.

ISBN 978-3-415-06608-3

Titelfoto: ©DDRockstar – stock.adobe.com |
Satz: abavo GmbH, Nebelhornstraße 8, 86807 Buchloe |
Druck und Bindung: Medienhaus Plump GmbH, Rolandsecker Weg 33, 53619 Rheinbreitenbach

Richard Boorberg Verlag GmbH & Co KG | Scharrstraße 2 | 70563 Stuttgart
Stuttgart | München | Hannover | Berlin | Weimar | Dresden
www.boorberg.de

Geleitwort

Längst sind nicht nur Polizisten von Gewalt betroffen, sondern auch Mitarbeiterinnen und Mitarbeiter in diversen Behörden. Aus diesem Grund freue ich mich sehr, dass dieses Handbuch entwickelt wurde und wichtige Aspekte für den täglichen Bedarf aufgreift.

Die Polizei in Essen und Mülheim an der Ruhr setzt beispielsweise mit der BAO Aktionsplan Clan ein besonderes Zeichen gegen Gruppen, die sich unseren Regeln ganz bewusst widersetzen. Dabei haben wir ein besonderes Augenmerk auf Sachverhalte gelegt, bei denen Personen – oftmals ganz unterschwellig – Mitarbeiterinnen und Mitarbeiter von Behörden unter Druck setzen, um staatliche Maßnahmen in ihrem Sinne zu beeinflussen. Dieser Entwicklung muss seitens der unterschiedlichen Behörden aktiv begegnet werden.

Wir haben in diesem Kontext festgestellt, dass dies nur gemeinsam möglich ist. In dieser Kooperation entwickeln wir gleichzeitig auch mehr Verständnis füreinander und lernen uns in der Zusammenarbeit besser kennen. Im Zuge des Austausches wurde uns seitens der Polizei auch erstmals bewusst, wie häufig Beschäftigte in den unterschiedlichsten Behörden von alltäglichen Beleidigungen oder Anfeindungen betroffen sind, obwohl sie beispielsweise durch Gewährung sozialer Leistungen die Menschen unterstützen. Dabei stellen wir aber auch fest, dass die Hemmschwelle, die Polizei einzuschalten, recht hoch ist.

Häufig existiert eine gewisse Scheu in Ämtern und Behörden, die Polizei hinzuzuziehen, weil man davon ausgeht, dass der erlebte Sachverhalt „nicht ausreichend schlimm genug war“ oder weil ein Auftreten von Polizeibeamten in einer Behörde deren Ansehen schaden könnte. Selbst Tätlichkeiten werden hingenommen, weil die Unsicherheit, ob dies bereits eine Strafanzeige oder polizeiliche Maßnahmen gegen die Person rechtfertigt, sehr groß ist.

Ich bitte Sie in diesen Fällen umzudenken.

Die Polizei ist Ihr Ansprechpartner in allen Fragen der Sicherheit. Wenn Menschen an ihrem Arbeitsplatz Angst verspüren, hat das regelmäßig Gründe, und die sollte man ernstnehmen. Hier möchten wir vor Ort niederschwellig ansetzen, um größere Gefährdungen zu vermeiden. Und dies ist ein Anliegen der Polizei nicht nur hier.

Vertrauen Sie Ihrem Bauchgefühl. Sobald Sie sich bedroht fühlen, Unsicherheit oder sogar Angst empfinden, schalten Sie die Polizei ein. Sie wird eine Einschätzung treffen und weitere Maßnahmen ergreifen. Und haben

Sie dabei keine Angst vor einer „Fehlalarmierung“. Informieren Sie uns lieber einmal zu viel als einmal zu wenig.

Glück auf!

Frank Richter
Polizeipräsident Essen/Mülheim an der Ruhr

Essen im Januar 2020

Danksagung

Das vorliegende Buch ist das Ergebnis diverser Seminare und Gespräche, in denen Erlebnisse geschildert wurden, die die Beschäftigten[1] aus den unterschiedlichsten Einrichtungen gemacht haben. Für die Offenheit und das Vertrauen danken wir allen, die ihre Erlebnisse mit uns geteilt und ihre Erfahrungen geschildert haben. Für einige war das Wiedererleben durch die Schilderung sehr belastend und wir hoffen, dass ihre Erfahrungen helfen, wirksame Präventionsmaßnahmen zu ergreifen und somit weitere Traumata zu verhindern.

Ein ganz besonderer Dank geht zudem an Herrn Syndikusrechtsanwalt Hans-Jörn Bury vom Richard Boorberg Verlag für den stets angenehmen Austausch, die großartige Betreuung und seine Engelsgeduld.

1 Zur besseren Lesbarkeit wird auf die stetige Verwendung der weiblichen Form bzw. der Schreibweise des sog. „Gender_Gap" verzichtet. Dass jeweils Frauen und Männer gemeint sind, ist für uns selbstverständlich. Wenn gravierende Geschlechterspezifika bestehen, wird darauf in den entsprechenden Passagen hingewiesen.

Persönlicher Dank

In der Hochschule Darmstadt (h_da) durfte ich über zwei Jahre lang das Bedrohungsmanagement leiten. Es war eine tolle Zeit, und ich möchte dort allen danken, die mit mir zusammengearbeitet und die mich ins Vertrauen gezogen haben. Ein großer Dank geht dabei an den Präsidenten der Hochschule Darmstadt, Herrn Prof. Dr. Ralph Stengler, der mir alle nötigen Freiräume gelassen hat und mit dem der Austausch stets unkompliziert und herzlich war. Ein ganz lieber Dank geht natürlich an das SSC – Ihr seid ein klasse Team und ich danke Euch von ganzem Herzen für die gemeinsame Zeit. Weiterhin danke ich meiner früheren Büronachbarin Frau Eva Schäfer für den Austausch und ihre unerschütterliche Ruhe. Ein besonderer Dank geht an Herrn Dr. Jens Hoffmann und das Institut für Psychologie und Bedrohungsmanagement (IPBm)[2]. Vieles, was ich in den Seminaren dort und besonders bei Frau Justine Glaz-Ocik und Herrn Dr. Philipp Horn gelernt habe, hat meine Arbeit und das vorliegende Buch geprägt. Für den Austausch und die Gespräche in der Zeit meiner Tätigkeit im Bedrohungsmanagement der Hochschule Darmstadt möchte ich mich vor allem bei meiner Kollegin Frau Beatrice Wypych bedanken. Sie hat Pionierarbeit an der TU Darmstadt geleistet und stand mir immer mit Rat und Tat zur Seite. Als ich im Jobcenter des Landkreises Göttingen und im Jobcenter Darmstadt als Fallmanagerin gearbeitet habe, konnte ich viele Eindrücke und Erfahrungen sammeln. Beide Male hatte ich das Glück, in großartigen Teams zu arbeiten und ich denke jeweils gerne an die Zeit mit Euch zurück.

Dorothee Dienstbühl

Mein Dank gilt meinen Kolleginnen und Kollegen, die mich offen an Ihren Erfahrungen und Erwartungen partizipieren haben lassen. Ebenfalls danke ich den örtlichen Polizeidienststellen, die sich immer wieder gern bereit erklärt haben, Sicherheitstrainings durchzuführen und uns als Ansprechpartner und Berater zur Seite zu stehen. Nicht zuletzt danke ich meinem Arbeitgeber, welcher mir durch das entgegengebrachte Vertrauen Gestaltungsspielräume ermöglicht, um das Thema Sicherheit immer wieder in den Fokus zu rücken.

2 Homepage: www.i-p-bm.com/.

Gewalt entlädt sich oft bei dem ersten Gesicht, welches eine Organisation verkörpert. In der Regel sind dies Kollegen in Eingangszonen, Infoschaltern oder ähnlichem. Nicht immer haben diese Personen Einfluss auf das eigentliche Anliegen und müssen dennoch überproportional oft mit Aggressionen umgehen. Diesen Kolleginnen und Kollegen widme ich dieses Buch.

Nadja Sommer

Über die Autorinnen

Dorothee Dienstbühl ist Professorin an der Hochschule für Polizei und öffentliche Verwaltung (HSPV) in Nordrhein-Westfalen im Fachbereich Polizei. Sie unterrichtet Kriminologie und Soziologie. Vorherige Stationen hatte sie als Leitung des Bedrohungsmanagements der Hochschule Darmstadt, als Fallmanagerin in zwei Jobcentern sowie in der Forschungsassistenz am Ludwig-Meyer-Institut der Georg-August-Universität Göttingen in der Forensischen Psychiatrie. Sie ist ausgebildete Präventionsmanagerin für Stalking und Intimpartnergewalt (IPBm).

Forschungsschwerpunkte: Terrorismus, politischer Extremismus, Radikalisierungsprozesse, Organisierte Kriminalität, sowie spezielle Gewaltphänomene wie Hasskriminalität, Amok und Ehrgewalt.

Nadja Sommer ist Dipl. Sozialwirtin und arbeitet als Teamleiterin für die Bereiche Arbeitsvermittlung und Kundenportale der Agentur für Arbeit Göttingen. Beruflich war sie bereits als Beauftragte für Chancengleichheit am Arbeitsmarkt, sowie als operative Führungskraft in unterschiedlichen Jobcentern als auch Agenturen für Arbeit tätig.

Fachliche Schwerpunkte waren neben Kundenportalen und Arbeitsvermittlung der Bereich Berufsberatung und die Integration von langzeitarbeitslosen Menschen.

Abkürzungsverzeichnis

a. a. O.	an angegebenem Ort
Abb.	Abbildung
Abs.	Absatz
AGG	Allgemeine Gleichbehandlungsgesetz
AK	Arbeitskreis
Allg. M.	allgemeine Meinung
Alt.	Alternativ
Art.	Artikel
AZ	Aktenzeichen
BAMF	Bundesamt für Migration und Flüchtlinge
Bd.	Band
BePo	Bereitschaftspolizei
BfV	Bundesamt für Verfassungsschutz
BGBl.	Bundesgesetzblatt
BGH	Bundesgerichtshof
BGHSt	Entscheidungen des Bundesgerichthofes in Strafsachen (amtliche Sammlung) (zitiert nach Band und Seite)
BGS	Bundesgrenzschutz
BGSG	Bundesgrenzschutzgesetz
BKA	Bundeskriminalamt
BKAG	Bundeskriminalamt Gesetz
BMFSFJ	Bundesministerium für Familie, Senioren, Frauen und Jugend
BMI	Bundesministerium des Inneren
BOS	Behörden und Organisationen mit Sicherheitsaufgaben
BPol	Bundespolizei
BPolG	Bundespolizeigesetz
BtMG	Betäubungsmittelgesetz
BT-Drucks.	Bundestagsdrucksache
Ebd.	Ebenda

EU	Europäische Union
EuG	Gericht der Europäischen Union
EuGH	Europäischer Gerichtshof
FAZ	Frankfurter Allgemeine Zeitung
FDGO	Freiheitlich Demokratische Grundordnung
FKS	Finanzkontrolle Schwarzarbeit der Zollverwaltung
FN	Fußnote
HG	Häusliche Gewalt
HSA	Hauptschulabschluss
i. d. F.	in der Fassung
i. S.(d.)	im Sinne (des)
i. V.(m)	in Verbindung (mit)
i. w. S.	im weitesten Sinne
Jhd.	Jahrhundert
Jg.	Jahrgang
JGG	Jugendgerichtsgesetz
JGH	Jugendgerichtshilfe
JVA	Justizvollzugsanstalt
n. ö.	nicht öffentlich (Quellenangabe)
PKS	Polizeiliche Kriminalstatistik
PVB	Polizeivollzugsbeamte
PD	Polizeidirektion
PVD	Polizeivollzugsdienst
Rdn.	Randnummer
sog.	sogenannte(-s,-r)
StA	Staatsanwaltschaft
Stat. Bundesamt	Statistisches Bundesamt
StGB	Strafgesetzbuch
StPO	Strafprozessordnung
StrÄndG	Strafrechtsänderungsgesetz
StrRG	Strafrechtsreformgesetz
StrVz	Strafvollzug
StVStat	Strafverfolgungsstatistik

SZ	Süddeutsche Zeitung
u. H.	unter Hinweis
u. U.	unter Umständen
u. v. m.	und vieles mehr
vgl.	vergleiche
vors.	Vorsätzlich
WED	Wohnungseinbruchdiebstahl
z. B.	zum Beispiel
zit. (in/nach)	zitiert

Inhaltsverzeichnis

Vorwort und Einleitung

„Sicher ist, dass nichts sicher ist. Selbst das nicht.“
Joachim Ringelnatz

Überall, wo unterschiedliche Menschen zusammenarbeiten oder sich begegnen, entstehen positive Effekte wie Kollegialität, Freundschaft, ein Gemeinschaftsempfinden und ein Miteinander. Aber zum menschlichen Zusammenleben gehören auch negative Dynamiken aufgrund solcher Aufeinandertreffen. Ausufernde Streitigkeiten, Drohungen, Übergriffigkeit und sogar körperliche Gewalt sind hierfür Beispiele. Findet dies am Arbeitsplatz statt, spricht man von *Workplace Violence*.[3]

Und längst betreffen Kriminalität und abweichendes Verhalten nicht nur Polizei- und Vollzugsbeamte. Auch Beschäftigte in Jobcentern, Finanzämtern, (Hoch)Schulen und diversen kommunalen Einrichtungen sehen sich zunehmend mit Aggressionen und Gewalt konfrontiert, obwohl gerade sie ihren Dienst für den Bürger versehen. Selbst Rettungskräfte der Feuerwehr und medizinischer Ersthilfe werden zunehmend zum Ziel entladender Aggressionen im öffentlichen Raum. Betroffene und Beobachter berichten von einer Zunahme, die mittlerweile auch die Politik auf den Plan ruft, um die Helfer im Berufsalltag besser zu schützen.[4]

In der Öffentlichkeit wird das Thema von Gewalt gegen Beschäftigte im öffentlichen Dienst meist nur dann registriert, wenn es zu Tötungsdelikten kommt. Am 16. Januar 2020 attackierte ein 58 Jähriger eine 50-jährige Mitarbeiterin im Jobcenter in Rottweil mit einem Messer und verletzte sie schwer. Die Tat kündigte er zuvor auf Twitter an und kommentierte sie nach Beendigung ebenfalls.[5] Doch längst nicht nur in Deutschland finden Gewaltattacken in Tötungsabsicht statt. Am 31. Mai 2019 schockierte ein Amoklauf im US-Bundesstaat Virginia die Öffentlichkeit: Freitagnachmittag stürmte ein 40-jähriger Angestellter in ein Gebäude der Stadtverwaltung von Virginia Beach und tötete zwölf Menschen, vier mussten in Krankenhäusern operiert werden. Elf der Opfer waren Angestellte der Stadt. Augenzeugen berichten von Schüssen, Panik und Todesangst der Anwesenden.[6]

---

3 Workplace Violence fasst als Oberbegriff alle physischen Gewaltakte am Arbeitsplatz und auch die Risiken für die (seelische) Gesundheit zusammen.

4 In diesem Kontext wurde das Aktionsbündnis des Ministeriums für Inneres und des Ministeriums für Arbeit, Gesundheit und Soziales in Nordrhein-Westfalen „Gemeinsam gegen Gewalt“ ins Leben gerufen, vgl. Ministerium des Inneren NRW (Hrsg.) vom 01. Oktober 2019, online verfügbar.

5 Vgl. Schmidt/Wolfsperger, in: Merkur vom 18. Januar 2020, online verfügbar.

6 Vgl. N.N, in: Süddeutsche Zeitung vom 1. Juni 2019, online verfügbar.

Im Rahmen der seit April 2016 laufenden dbb-Kampagne „Gefahrenzone Öffentlicher Dienst“ kann man sich einen beinahe tagesaktuellen bundesweiten Überblick über gewaltsame Übergriffe gegen im Öffentlichen Dienst tätige Personen verschaffen.[7] Tatsächlich kann einem in sämtlichen öffentlichen Einrichtungen, vom Einwohnermeldeamt bis hin zu einer Hochschulverwaltung alles an Gewalt und abweichendem Verhalten begegnen. Reichsbürger, Extremisten, Menschen mit Suchtproblemen oder psychischen Störungen oder auch organisiert-kriminelle Strukturen sind behördliches Gegenüber und sie stellen eine enorme Herausforderung und unter Umständen sogar eine Bedrohung für das eigene Leben dar. Zudem können Mitarbeiter von sexueller Gewalt bedroht oder sie können Häuslicher Gewalt und Stalking ausgesetzt sein und Hilfe bedürfen, um weiter ihrer Arbeit nachgehen zu können. Doch auch innerhalb der Dienststellen kann es zu Auseinandersetzungen und Belästigungen kommen, die ein akzeptables Maß überschreiten und in die eingegriffen werden muss, um den Frieden am Arbeitsplatz wiederherzustellen.

Es sind nicht nur besonders exzessive Gewalttaten, die wir in Deutschland beispielsweise durch Amokläufe in Schulen wie in Erfurt und Winnenden bereits erleben mussten.[8]

Auf die Gefährdung der Beschäftigten wird ebenfalls meist erst dann reagiert, wenn eine schlimme Gewalttat an einem Arbeitsort stattgefunden hat. Doch meist geht es gar nicht um exzessive Gewalttaten. Mitarbeiter im öffentlichen Dienst sind vor allem alltäglicher Gewalt ausgesetzt, die sich nicht nur auf verbale Angriffe und Drohungen beschränken muss. In vielen Einrichtungen, in denen Kundenverkehr besteht, gehört ein Sicherheitsdienst zum Standard. Doch noch immer wird vor allem nicht-physische oder „leichte Gewalt“ zu häufig hingenommen. Zum einen, weil die Beschäftigten es aus dem Gewöhnungseffekt nicht mehr als Übergriff wahrnehmen und zum anderen, weil sie Angst haben, dagegen vorzugehen. Dafür bedarf es der entsprechenden Priorität in der Führungsebene und Rahmenbedingungen in den Behörden, die den Beschäftigten Sicherheit geben.

7 Vgl. www.angegriffen.info/zeitleiste-uebersicht/(Stand: 02. Februar 2020).

8 Den bis heute opferreichsten Amoklauf mit 17 Toten verübte Robert Steinhäuser 2002 in Erfurt. In Emsdetten starb 2006 der Amokläufer Sebastian „Bastian“ Bosse, nachdem er mehrere Menschen zum Teil schwer verletzt hatte, durch Suizid. 2009 erfolgte der Amoklauf in Winnenden, bei dem 15 Menschen und der Täter, der 17-jährige Tim Kretschmer, starben. Alle drei Amokläufer waren ehemalige Schüler. Der Schock der Menschen im In- und Ausland, das Interesse der Medien und der Öffentlichkeit waren beispiellos und führten mitunter zu politischen Konsequenzen. So sind beispielsweise die Änderungen des Waffengesetzes vom 11. Oktober 2002 und vom 17. Juli 2009 entscheidend auf die Amokläufe in Erfurt 2002 und Winnenden 2009 zurückzuführen.

Für Sicherheit am Arbeitsplatz zu sorgen ist nicht fakultativ, sondern eine elementare Aufgabe jeder Führungsebene. Denn Gewalt und Bedrohungen am Arbeitsplatz sind

1. ein ethisches Risiko für jede Behördenleitung, da es eine Verantwortung für die Sicherheit der Mitarbeiter gibt,
2. ein Unternehmensrisiko, da vor allem schwere Gewalttaten zu negativen Folgen führen wie Angstverhalten am Arbeitsplatz, ein entsprechend hoher Krankenstand und auch Reputationsschäden für die Behörde,
3. damit einhergehend auch ein Kostenfaktor, weil Arbeitsausfall als Folge sich als Kosten monetär niederschlägt (z. B. notwendige Einstellung befristeter Arbeitskräfte, Strafzahlungen aufgrund von Verfristungen, etc.),
4. ein gesetzliches Risiko, da möglicherweise Schadenersatzansprüche entstehen können, wenn auf Warnsignale der Gewalt nicht reagiert wurde.[9]

Häufig verfassen Einrichtungen mit Kundenverkehr Verhaltensregeln, die sichtbar am Eingangs- oder im Wartebereich angebracht sind. Das In-Erinnerung-Rufen bestimmter Benimmregeln ist nie verkehrt, wenn es als Anweisung klar formuliert ist. Gefährder als Personen, die zu Gewalthandlungen neigen, wissen dann, dass in dieser Einrichtung eine Sensibilisierung für das Thema Gewalt existiert. Aber es schützt die Beschäftigten allerdings nicht vor Übergriffigkeiten und Anfeindungen. Sicherheit im öffentlichen Dienst ist nicht selbstverständlich, sondern das Ergebnis sorgfältig getroffener Maßnahmen.

Um beim Arbeiten dauerhaft produktiv sein zu können, möchten sich Beschäftigte in einem bestimmten Maße wohlfühlen. Dazu ist es wiederum notwendig, dass sie ein Gefühl von Sicherheit an ihrem Arbeitsplatz haben. Entsprechend wichtig ist es, dass Beschäftigte wissen, dass ihr Arbeitgeber ihrer Sicherheit höchste Priorität einräumt. Der Schutz von Leben und Gesundheit der Beschäftigten erfordert es, Vorkehrungen für den Notfall zu treffen. Jedoch kann keine noch so detaillierte Regelung den absoluten Schutz des Einzelnen gewährleisten; es ist ausgeschlossen, für jede Gefahrensituation ein wirksames Abwehrverhalten gegenüberzustellen. Gefährdungspotentiale zu erkennen, wirksame Schutzkonzepte sowohl strukturell, als auch für den einzelnen Mitarbeiter zu installieren, sind Gegenstand des Handbuches.

Unser Ziel ist es, gesammelte Erfahrungen und Sachverhalte aufzugreifen und Möglichkeiten zum Umgang aufzuzeigen, ohne dabei den Anspruch zu erheben, dass wir damit allgemeingültige Lösungen anbieten können. Das Handbuch soll helfen, Ansätze für Problemlagen zu entwickeln, um die Be-

9 Abgewandelte Auflistung nach Hoffmann, in: VDSI aktuell Juni 2010, ohne Seitenangabe.

schäftigten zu unterstützen, Risiken zu senken, Sicherheitsmängel zu beseitigen und insgesamt zu einem gesteigerten Sicherheitsempfinden am Arbeitsplatz beizutragen. Wenn ein Vorfall passiert ist, bedarf es Maßnahmen zum Wiederherstellen bzw. zur Aufrechterhaltung der Arbeitsfähigkeit. Sie werden sich, auch nach der Lektüre des Handbuches, nicht sofort auf bedrohliche Momente einstellen oder für solche „präparieren" können. Das eigene Sicherheitsempfinden zu steigern und Schutzmechanismen zu entwickeln, ist ein Lernprozess, der Übung erfordert.

Wir hoffen, mit den nachfolgenden Ausführungen einige Ansätze zu bieten, die Sie in Ihren Arbeitsalltag integrieren können, und die dazu beitragen, Ihr Sicherheitsgefühl am Arbeitsplatz zu steigern.

Mülheim an der Ruhr/Northeim, im April 2020

I. Grundlagen

Gewalt ist kein gesellschaftliches Randthema, sondern betrifft jeden Menschen im Laufe seines Lebens – direkt oder indirekt. In unterschiedlicher Art und Weise wird jeder Mensch immer wieder mit aggressiven Verhaltensweisen konfrontiert. Mal mehr, mal weniger intensiv, mal direkter, jedoch am häufigsten indirekt durch passives Erleben von Gewalt, beispielsweise durch Medienberichte oder die Erzählungen von Gewalterfahrungen anderer Menschen. Diese Erlebnisse wirken sich auf das persönliche, subjektive Sicherheitsempfinden aus und beeinflussen, bei einzelnen Erlebnissen meist temporär, eigene Einstellungen und das Erleben.

1. Unser Körper als Alarmanlage

So ziemlich jede Kollegin und jeder Kollege wird im Dienstalltag Situationen erleben, die sie als bedrohlich empfinden, bzw. empfunden haben. Mit dem Begriff „Bedrohung" verknüpft jeder Mensch eigene Erinnerungen und vor allem Erinnerungen an das Empfinden in dieser Situation. Unser Körper verrät uns, ob wir uns bedroht fühlen. Seine Reaktionen sind je nach Anlass, Abfolge und Dauer unterschiedlich. Bei einem kurzen Schreck reagieren wir mit einer blitzschnellen physischen Reaktion. Diese kann aus einem Aufschrei, einem Zusammenzucken, einer Affektbewegung wie einem Sprung oder einen Schlag, Übelkeit und einem so plötzlichen Anstieg des Pulses einhergehen. Betroffene beschreiben dies später mit Sätzen, wie: „mir ist das Herz stehen geblieben" oder „ich war starr vor Schreck". In solchen Schreckenssituationen schnappen wir nach Luft, das Gehirn möchte umgehend mit Sauerstoff versorgt werden. Wenn wir uns also erschrecken, reagiert als erstes der Körper, nahezu ohne Kontrolle. Diese Empfindung ist dem Gefühl der Angst geschuldet, das ebenso schwer kontrollierbar ist. Sobald sich der Körper von dem Schrecken erholt und wieder entspannt, wird der Herzschlag langsamer, die Atmung flacher und schließlich normal. Dass unser Körper in dieser Art und Weise reagiert, ist dabei nicht als eine Schwäche zu betrachten, vielmehr ist es eine biologische Schutzfunktion.

Ihr Körper warnt Sie. Denn gleichzeitig mit dem Schrecken weiten sich die Pupillen, sie nehmen weniger Informationen aus der Umgebung auf, nur die, die nun unmittelbar notwendig sind. Das macht Sie im besten Fall reaktionsschnell für eine Maßnahme zur Eigensicherung. Beispiele, in denen der Körper reagiert, bevor das Gehirn es tun kann, sind der Griff nach

Halt, wenn man stürzt oder die Abwehr eines Schlages. Natürlich können Körper und Kopf auch Schrecksekunden im Zwiegespräch verbringen, dann werden Sie zu keiner Handlung fähig sein („wie angewurzelt stehen bleiben"). Einsatzkräfte von Polizei, Feuerwehr oder Bundeswehr bekommen nicht beigebracht, diese Emotionen zu übersehen, sondern richtig mit ihnen umzugehen. Es ist ein Irrglaube, das Empfinden von Schrecken und Furcht sei ein Manko. Nur sollten Sie in den Körper hineinhorchen, wenn sie einen Schrecken erleben und anhand von Schreckerlebnissen Ihr Verhalten trainieren.

Vertrauen Sie darauf, dass Ihr Körper Sie warnt, sobald Sie oder Ihr körperliches Wohlbefinden gefährdet sind. Und lernen Sie mit dem umzugehen, was Ihr Instinkt Ihnen rät. Rät er zur Flucht? Rät er zur Abwehr? Haben Sie bei einer bestimmten Person den dringenden Wunsch nach Abstand, obwohl er sich freundlich verhält? Dann sollten Sie zunächst mit diesen Instinkten arbeiten. Wie zuvor beschrieben, ist es weniger der Körper, der uns die Einschätzung erschwert, ob es sich in der gegenwärtigen Lage um eine Gefahrensituation handelt oder nicht. Er signalisiert uns das und empfiehlt sogar, wenn auch ausgesprochen subtil, einen Lösungsweg. Unser Kopf ist meist der Übeltäter. Doch unser Kopf ist lernfähig und kann somit zu unserem Helfer werden.

Das Schlimmste oder Mächtigste am Schrecken ist der Überraschungseffekt. Der Körper reagiert darauf in Sekundenschnelle, der Kopf benötigt eine Weile für die Verarbeitung der Impulse, um reagieren zu können. Zudem beraubt uns die Plötzlichkeit eines Schreckens des Gefühls des Alltäglichen, der sicheren Routine und der Kontrolle. Das bedeutet aber auch, dass Wachsamkeit das Schreckempfinden reduzieren und somit die Reaktionsfähigkeit steigern kann. Ihre Wachsamkeit und Aufmerksamkeit zur Umgebung können Sie jeden Tag trainieren. Dabei geht es nicht darum, fremde Menschen als potentielle Gefahr zu denunzieren. Es geht darum, gegenüber sich selbst und seinem nahen Umfeld aufmerksam sein. Beispielsweise haben sie einen Gesprächstermin mit einem Studierenden, den Sie nicht kennen. Sie werden ihn ohnehin beobachten, seine Mimik und Gestik. Hinterfragen Sie das, was Sie registrieren. Wie nähert er sich Ihnen? Wie wirkt seine Stimme auf Sie? Hält er den gewünschten Abstand zu Ihnen ein? Wenn Ihnen etwas nicht behagt – was ist es? Und was macht das Nicht-Behagen mit Ihnen?

Der Kriminalpsychologe *Uwe Füllgrabe* spricht hierbei von einer „gelassenen Wachsamkeit",[10] die das eigene Sicherheitsempfinden steigern kann.

---

10 Vgl. Füllgrabe, in: Magazin für die Polizei 2003, S. 12 ff.

Dabei empfiehlt er die gezielte Suche nach Informationen in einer Situation, die Sie hinsichtlich ihres Gefährdungspotentials einschätzen müssen. Welche Information ist in diesem Moment für Ihre persönliche Einschätzung wichtig? Die Fokussierung auf für Sie wissenswerte Informationen lässt Sie

- aktiver beobachten,
- ruhiger werden,
- baut den empfundenen Stress ab und verändert dadurch Ihr Auftreten.

Bereits diese Fähigkeit des aktiven Beobachtens stärkt Ihr Sicherheitsempfinden nachhaltig. Daneben müssen Sie über geeignete Mittel zur Gefahrenabwehr verfügen. Gemäß der Prämisse, stets das mildeste Mittel zu verwenden, kann schon eine gezielte Rhetorik ausreichen. Deswegen lohnen sich Schulungen in deeskalativer Rhetorik und Verhaltensweisen in Konfliktsituationen.

2. Aggression und Gewalt

Aggression und Gewalt und ihr Verhältnis zueinander sind ein ewiges Streitthema in der psychologischen Forschung. Während beispielsweise *Sigmund Freud* davon ausging, dass Aggressionen zur menschlichen Natur gehören, sehen das Psychologen, wie *Joachim Bauer* anders.[11] Er und weitere Psychologen sehen alles, was als Kränkung empfunden wird (Gefühl der Ausgrenzung, Benachteiligung oder Demütigung), als Auslöser für Aggressionen und damit für Gewalthandlungen. Gewalt ist demnach Aggression, die extremen Schmerz zum Ziel hat.[12] Aggressionen als Emotionen müssen jedoch nicht zwangsläufig in Gewalt münden. Nach *Hans-Peter Nolting* ist Aggression in seiner Bedeutung ein eher ein weiter und Gewalt ein bereits eingeengter Begriff.[13]

Weitere Definitionen von Gewalt sind beispielsweise jeder „zielgerichtete direkte physische Schädigung von Menschen durch Menschen"[14] oder der „Einsatz physischer und psychischer Mittel, um einer anderen Person gegen ihren Willen

a) Schaden zuzufügen,
b) sie dem eigenen Willen zu unterwerfen (sie zu beherrschen) oder
c) der solchermaßen ausgeübten Gewalt durch Gegengewalt zu begegnen".[15]

11 Vgl. Bauer 2013. S. 13 ff.

12 Vgl. Anderson/Bushman 2002, S. 33.

13 Vgl. Nolting 2004, S. 26.

14 Schwind 1990, S. 95.

15 Schubert & Klein 2018.

Jede Gewalt ist demnach Aggression, aber nicht jede Aggression ist Gewalt. Dass Menschen aggressiv auffällig sind, kann ganz unterschiedliche Ursachen haben, von mangelnden kommunikativen Fähigkeiten bis hin zu Ursachen, die mit entsprechenden Erlebnissen in der Kindheit zusammenhängen. Menschen, die schnell aggressiv reagieren, haben häufig diese Erlebnisse nicht im Prozess des Erwachsenwerdens aufgearbeitet. Natürlich gibt es Personen, die ihr Gegenüber in allen möglichen Situationen als kränkend wahrnehmen und entsprechend schnell aggressiv reagieren. Andere Menschen definieren ihr Selbst durch gewalttätiges Verhalten, um andere Menschen zu erniedrigen und zu verletzen und sich selbst dadurch zu erhöhen.[16]

Vor diesem Hintergrund kann die Dimension von Gewalt und Aggression anhand folgender Kriterien differenziert eingeordnet werden:

1. Motivationale Hintergründe,
2. Involvierte Personen und
3. Kontexte, in denen sie stattfinden.[17]

Als Form der Kommunikation kann sie eigenes Unvermögen, eine Angelegenheit anders zu regeln offenbaren, ein Mittel zur Selbstdarstellung sein und um Aufmerksamkeit zu erlangen, oder um Solidaritätseffekte hervorzurufen. Die Form von Gewalt wird durch die Absicht (bewusst oder unbewusst) des Täters bestimmt:

- Zweckrational: Gewalt als Mittel zur Durchsetzung eigener Interessen und zur Maximierung eigener Vorteile.
- Wertrational: Gewalt dient der Befolgung vorgegebener Normen oder der Durchsetzung eigener Wertvorstellungen.
- Expressiv: Gewalt ist Selbstzweck (z.B. verabredete oder bewusst herbeigeführte Schlägereien).
- Affektiv: Die Gewalthandlung erfolgt „im Affekt", d.h. unkontrolliert und ungeplant unter Einfluss starker Emotionen wie z.B. Wut.[18]

16 Beispielsweise narzisstische Persönlichkeitsstrukturen neigen zu einem solchen und damit einhergehend auch häufiger gewalttätigen Verhalten. Dabei ist Narzissmus nicht zwangsläufig nur als pathologisches Phänomen zu verstehen, welches die Wahrnehmung trübt. Vielmehr soll die narzisstische Persönlichkeitsstruktur als Antrieb betrachtet werden, durch Handlungen zu Ansehen und/oder Popularität zu gelangen. Sie wird unter psychischen Störungen eingehender betrachtet.

17 Jessel 2010, S. 189.

18 Verkürzt dargestellt nach Jessel 2010, S. 190.

3. Gewalt am Arbeitsplatz

Formen von Gewalt am Arbeitsplatz sind vielfältig. Eine allgemein gültige Definition existiert bisweilen nicht.

> Gewalt am Arbeitsplatz unterscheidet zwischen interner und externer Gewalt: „Jede Aktion, jeder Vorfall oder jedes Verhalten, das von einem angemessenen Verhalten abweicht und mit dem eine Person angegriffen, bedroht, beschädigt oder verletzt wird – und zwar während der Arbeit oder in direkter Folge davon. Interne Gewalt am Arbeitsplatz ist die unter Beschäftigten. Externe Gewalt am Arbeitsplatz findet zwischen Beschäftigten und einer anderen Person, die am Arbeitsplatz präsent ist, statt."[19]

Nicht jede Gewalt erfolgt physisch und nicht jede ist strafrechtlich zu ahnden. Zudem ist sie zu unterscheiden in physische/tätliche und psychische Gewalt:

Physische Gewalt bzw. tätliche Angriffe sind

- Treten/Schlagen/Stoßen
- Angriffe mit Waffen oder waffenähnlichen Gegenständen
- Werfen mit einem Gegenstand
- Handgreifliche sexuelle Belästigung (z. B. unsittliche Brühungen bis hin zur Vergewaltigung)
- Kontakt mit Körperflüssigkeiten (z. B. anspucken)

Psychische und damit nicht-tätliche Angriffe sind:

- Anschreien/verbalo Provokation
- Bedrängen/Umzingeln (ohne zu berühren)
- Nachstellen
- Beleidigung und Verleumdung (direkt und indirekt)
- Sexuelle Gewalt ohne Körperkontakt (verbal/nonverbal)
- Androhen körperlicher Gewalt
- Androhen von Anzeigen
- Foto- bzw. Videografieren (zur Provokation oder als Drohgebärde)
- Miterleben von Gewalt gegen Kollegen

Gerade nicht-tätliche Aggressionen werden vom Empfänger nicht zwangsläufig als Gewalt betrachtet, insbesondere dann, wenn sie nicht besonders intensiv oder aber ein beispielsweise aggressiver Ton, bzw. Beleidigungen bereits zum Alltag gehören. Zudem kann Gewalt systematisch und nicht nur als einzelner Akt ausgeübt werden. Gewalt kann unter Kollegen, zwischen Vorgesetzten und Untergebenen oder durch Dritte wie z. B. Klienten,

---

19 Windemuth, in: Bundesarbeitsblatt, 3(2005) S. 9.

Kunden, Patienten oder Schüler stattfinden. Sie kann von einer oder mehreren Personen ausgehen.

4. Angst und die Reaktionsmuster in Gefährdungssituationen

Nicht nur das Gewaltverhalten kann typisiert werden, auch das Verhalten der Betroffenen von Gewalt. Wie wir uns in einer Gefahrensituation verhalten, hängt, insbesondere wenn wir nicht darauf trainiert sind, von unseren Reflexen ab. Dabei zeigt sich, dass Menschen mit akuten Stresssituationen besser zurechtkommen, wenn sie ihren chronischen Stress gut unter Kontrolle haben.[20] Gefährdung verursacht Angst, Angst verursacht wiederum eine Stressreaktion. Evolutionsbiologisch betrachtet ist das Empfinden von Angst ein Warnsignal, um den Menschen auf eine drohende Gefahr vorzubereiten.[21] So betrachtet ist sie etwas Gutes. Tatsächlich hätten die Menschen früher nicht ohne Angst überleben können. Und auch heute noch warnt uns die Angst vor Risiken.

Diese kann sich in Angriff, Flucht[22] oder Starre[23] äußern. Akuter Stress führt dazu, dass eine Person nicht mehr im Denkprozess Alternativen abwägen kann. Stressreaktionen aus Angst äußern sich unter anderem durch Pulsbeschleunigung, Erweiterung der Pupillen und Händeringen; psychisch wirkt sie als Gefühl des Entsetzens und der Ausweglosigkeit. Angst ist aber nicht nur eine lähmende, sondern auch eine mobilisierende Emotion. So sind Menschen, die sich vor einer drohenden Gefahr ängstigen, manchmal zu Leistungen fähig, die ihnen unter normalen Umständen nicht möglich gewesen wären. Der Körper übernimmt das Kommando. In riskanten oder als riskant empfundenen Situationen schütten die Nebennieren die Hormone Adrenalin und Noradrenalin aus. Das Herz schlägt dann schneller und das Blut bindet mehr Sauerstoff. Der Körper ist damit besser in der Lage, sich zu verteidigen oder zu fliehen. Nicht umsonst gibt es das Sprichwort, wonach Angst Flügel verleiht. Sie ist aber wegen ihrer Warnfunktion oft lebensrettend. Angst überkommt den Menschen meist unfrei-

---

20 Vgl. Meltzer 2018, S. 168.

21 Vgl. Becker 2011, S. 8.

22 Die biologischen Stressreaktionen wurden von dem Psychologen *Walter Cannon* in der sogenannten „Fight-or-Flight“ Theorie zusammengefasst. Demnach brauchen wir Stress entweder für einen Kampf oder zur Flucht. Diese beiden Reaktionen waren in der Urzeit von größter Bedeutung, um sich vor einem Angriff zu schützen.

23 Reflexartige Starre wurde als dritte Reaktionsform der Fight-or-Flight-Theorie ergänzt (Fight-Flight-Freeze).

willig und unkontrolliert.[24] Zur Flucht oder zum Angriff benötigt der Körper Energie. Entsprechend wird das Blut in die Körpermitte und die Beine gepumpt (deswegen auch kalte Hände und kalter Schweiß). Alle überflüssigen Systeme werden runtergefahren, wie das Immunsystem und die Verdauung. Starre hat regelmäßig einen schlechten Ruf als Stressreaktion. Doch auch sie kann in einer akuten Gefahrensituation lebensrettend sein. Bei dieser Reaktion wird der Puls heruntergefahren, Denken und Schmerzempfinden werden kurzzeitig ausgeschaltet und auch Erinnerungen danach sind kaum oder gar nicht vorhanden. Übernimmt der Stress die Kontrolle über den Körper, hat man sie selbst verloren. Gerade dieses Gefühl ist häufig auch in späteren Betrachtungen besonders problematisch für einen Menschen, der eine solche Situation durchlebt hat.

Aus der Angst heraus jedoch Entscheidungen zu treffen, ist gleichzeitig problematisch. Der Volksmund kennt daher den Spruch: „Angst ist ein schlechter Berater". Dies ist insofern richtig, wenn Angst die Perspektiven einschränkt.[25] Deswegen ist es wichtig, dass Menschen ihre Ängste kennen- und verstehen lernen.

Die Emotionspsychologie unterscheidet zwei Gründe für das Empfinden von Angst: Manche Menschen bekommen aus übergroßer Ängstlichkeit Angst. Andere verspüren Angst in einem Moment tatsächlicher, akuter Bedrohung. Jeder Mensch reagiert auf empfundenen Stress, der durch das Gefühl, bedroht zu werden, hervorgerufen wird, zunächst anders. Einige Hilfestellungen und Tipps können Ihnen helfen, sich umsichtig zu verhalten, bewusster reagieren zu können und sich dadurch sicherer zu fühlen.

5. Aggressionsfördernde Faktoren

Konflikte, die zu aggressivem Verhalten und Gewalt führen, können aus der Interaktion entstehen. Dies bezeichnet man als *Eskalation* (aus dem Französischen Escalier = Treppe), also die Steigerung einer, zunächst möglicherweise rein sachlichen, Auseinandersetzung bis hin zu ihrer Zuspitzung, die in Gewalt münden kann. Solche Situationen sind Mitarbeitern im öffentlichen Dienst hinlänglich bekannt: Die Ablehnung eines Antrages, ein Negativ-Bescheid, eine Auskunft, die sich der Fragende anders vorgestellt oder gewünscht hat und schon kommt es zur Auseinandersetzung. Doch nicht nur der sachliche Inhalt einer Nachricht kann eine Eskalationsdyna-

24 Allerdings setzen sich Mensch auch freiwillig und ganz bewusst der Angst aus, indem sie Fallschirmspringen, Achterbahn fahren oder sich einen Horrorfilm ansehen, um ihre persönlichen Grenzen zu testen und zu erweitern.

25 Füllgrabe 2018, S. 169.

mik in Gang setzen, viele weitere Faktoren, die sowohl durch die Kommunizierenden als auch die Umgebung verursacht werden, können die Zuspitzung verstärken. Häufig wirkt sich auch die mangelnde Transparenz von Verwaltungsabläufen negativ auf das Verhältnis zwischen Behördenmitarbeiter und Bürger aus. Zu häufig können Menschen die Verwaltungsabläufe nicht nachvollziehen, wie auch eine Umfrage des Meinungsforschungsinstitutes *Forsa* in Nordrhein-Westfalen ergab. Demnach gaben nur 26 Prozent der befragten Personen an, dass sie Verwaltungsabläufe als nachvollziehbar empfänden; 68 Prozent gaben an, dass sie die Prozesse für kompliziert und nicht nachvollziehbar halten.[26]

Eskalierend wirken sämtliche Faktoren, die das aktuelle Wohlbefinden stören:

- Stress (z. B. durch Zeitdruck, bisherigen Tagesablauf, aktuelle Lebenssituation usw.)
- Hitze/Kälte
- Bedrängnis/räumliche Enge
- Menschenmengen
- Schmerzimpulse/Schmerzempfinden
- Übelkeit
- Orientierungslosigkeit
- Stress/Unsicherheit
- Lärm/Störgeräusche/schrille Stimmen
- Unhöflichkeit
- Verweigerung/Abweise
- Verständigungsprobleme/Sprachbarrieren
- Ignoranz
- empfundene Ungerechtigkeit
- Zwang
- schlechte Laune/Frustration
- Antipathie
- Unsensible Art/schroffer Ton
- offensive, abweisende Gestik
- u. v. m.

Befindet sich eine Person aufgrund o. g. Faktoren, die überhaupt nichts mit Ihnen und der Behörde zu tun haben müssen, in der Sie sich gerade befinden, werden Sie die Person kaum auf sachlicher Ebene erreichen können. Hier ist es wichtig, zunächst auf das Befinden einzugehen und Ihr Gegenüber aus seinem emotionalen Stress herauszuführen. Auch wenn Sie die Person als unhöflich wahrnehmen, im Erwachsenenalter und ohne konkre-

26 Vgl. Forsa (Hrsg.) 2019, S. 3.

ten erzieherischen Auftrag liegt es nicht an Ihnen, ihm Manieren beizubringen. Bleiben Sie ruhig, bestimmt, bringen Sie ein bestimmtes Maß an Verständnis für die Situation der Person auf und geben Sie ihm damit auch die Möglichkeit, sich nicht nur zu fangen, sondern auch, sich zu entschuldigen.

6. Aggressionsvermeidende/deeskalierende Faktoren

Wenn es möglich ist, sollte eine Eskalationsdynamik frühzeitig unterbrochen werden, auch wenn das bedeutet, besonders zuvorkommend auf einen Aggressor eingehen zu müssen.

Deeskalierend wirken Faktoren, die das Wohlbefinden des Gegenübers steigern:
- Höflichkeit
- Sensibilität
- Befindlichkeit des Anderen erkennen
- Verständnis zeigen, ohne dem anderen Recht (auch für sein Auftreten) zu geben
- sicheres Auftreten
- Aufmerksamkeit
- Kompetentes Auftreten
- Offene Körpersprache/ruhige Gestik/Position der Hände
- angepasste, freundliche Mimik (lächeln, wenn es passt, nicht gezwungen)
- gepflegtes Äußeres
- angepasster Ton/moderate Stimmlage
- Aufrichtigkeit (keine falschen Komplimente machen; das Gegenüber merkt sowas meistens)
- ruhige Gesprächsatmosphäre
- Verfügen von Wahlmöglichkeiten
- u. v. m.

Meist stehen uns nur diese simpel und allgemein bekannt wirkenden Verhaltensweisen zur Verfügung. Auch bei wütenden Menschen können sie aber helfen, sich wieder zu beruhigen. Sobald es in den Bereich verbaler Drohungen oder Beschimpfungen geht, versuchen Sie, aus der Situation raus zu gehen (räumliche Deeskalation). Häufig möchte das übrigens auch der Aggressor. Daher ist es wichtig, dass sowohl Sie als auch er einen Fluchtweg haben. Wird ihm dieser versperrt, steigert dies seine Aggression und es kann zu einer Gewalttat kommen. Allerdings helfen sämtliche Maßnahmen zur Deeskalation nicht, wenn eine Person eine Eskalation forciert und absichtlich herbeiführen will.

7. Generell deeskalierende Maßnahmen

Zum Schutz von Leben und Gesundheit der Beschäftigten sind Vorkehrungen für den Notfall zu treffen. Neben der Gestaltung der für einen angemessenen Schutz erforderlichen Rahmenbedingungen und Vorkehrungen durch die Dienststelle trägt auch jede/jeder Beschäftigte mit Freundlichkeit, Informations- und Hilfsbereitschaft wesentlich dazu bei, Aggressionspotential des Gegenübers zu minimieren, bzw. gar nicht erst aufkommen zu lassen. Ein höflicher und freundlicher Umgangston ist ein wesentlicher Grundbestandteil der vorbeugenden Maßnahmen. In diesem Zusammenhang sind insbesondere folgende vorbeugende Verhaltensregeln wichtig:

- Reihenfolge der wartenden Antragssteller/Ratsuchenden in der Beratung einhalten
- Die Person sofort begrüßen, nach seinen Wünschen fragen und mit Namen ansprechen
- Im Gespräch sein Gegenüber ansehen und aktiv zuhören
- Bei Störungen durch Kollegen oder Telefonate entschuldigen
- Verständlich sprechen, vorhandene Sprachbarrieren klären
- Bei Anregungen der Bürger oder deren Initiativen anerkennen, verständnisvoll auf Kritik oder Beschwerden eingehen; bei Fehlern entschuldigen
- Klare Auskunft bei Anfragen der Bürger nach zuständigen Stellen geben
- Kulant im Rahmen der Möglichkeiten auftreten
- Vollständige Informationen über erforderliche Unterlagen geben, über Folgemaßnahmen informieren
- Entscheidungen verständlich machen, z. B. auf Gesetze nicht nur verweisen, sondern diese auch kurz vorstellen und erläutern (Gesetz aufschlagen oder den betreffenden Paragrafen ausdrucken, so dass Person selbst nachlesen kann)
- Ratsuchende zur zuständigen Stelle weiterleiten, wenn möglich, bei Weiterleitung zu anderen Kolleginnen/Kollegen diese miteinander bekannt machen
- Freundlich Auskunft geben
- Freundlich verabschieden
- Getätigte Zusagen einhalten

Greifen die getroffenen Maßnahmen nicht, weil es sich beispielsweise um eine generell aggressive Person handelt, eine Suchtproblematik oder eine Persönlichkeitsstörung vorliegt, dann geht es Ihrerseits um Möglichkeiten zur Wahrung einer emotionalen wie physischen Distanz und Aufmerksamkeit für den Eigenschutz.

II. Sicherheit im öffentlichen Dienst

Während in der privaten Wirtschaft zum Teil sehr viel in die Sicherheit des Unternehmens und der Mitarbeiter investiert wird, scheint sich das Bewusstsein im öffentlichen Dienst erst in den vergangenen Jahren entwickelt zu haben. Ursächlich dafür waren zum einen vereinzelte Gewalttaten, die die ganze Republik erschüttert haben. Doch auch Tätlichkeiten, die immer häufiger zum Alltag von Mitarbeitern im Öffentlichen Dienst zu gehören scheinen, schaffen Fakten, die zur Reaktion zwingen. So hat sich in den letzten Jahren zwar viel getan, doch noch immer gibt es Bedarfe.

1. Aufkommen von Gewalttaten

Während Gewalt gegen Polizeibeamte durch Anzeigen systematisch erhoben werden und somit gut dokumentiert sind, ist dies in den anderen Bereichen im öffentlichen Dienst noch nicht der Fall. Die unterschiedlichen Gewerkschaften konstatieren seit Jahren eine besorgniserregende Zunahme der Gewalt gegen Feuerwehr und Rettungskräfte,[27] Mitarbeiter im öffentlichen Dienst und machen mit unterschiedlichen Kampagnen auf das Problem aufmerksam.[28] Doch auch nach Dienstschluss kommt es zu Gewalt, häufig zu Bedrohung der Privatpersonen aufgrund ihrer Diensttätigkeit.[29] In Deutschland[30] gibt es weder eine Statistik zur generellen Gewalt gegen Mitarbeiter im öffentlichen Dienst, sortiert nach Behörden, Einrichtungen oder Rechtskreisen, noch über entsprechende Gewalt gegen die Mitarbeiter in ihrer Freizeit.

Das Institut für Polizei- Kriminalwissenschaften (IPK) der Hochschule für Polizei und Wissenschaft (HSPV)[31] NRW hat im Auftrag der Gewerkschaft

---

27 In diesem Kontext haben das LKA Bayern, sowie die Ruhruniversität Bochum (RUB) eine Studie erstellt. In NRW haben die Ministerien im Kontext Gewalt gegen Feuerwehr und Rettungskräfte ein Aktionsbündnis „Gemeinsam gegen Gewalt" initiiert, um gezielt dagegen vorzugehen, vgl. Dienstbühl, vom 08. Januar 2020.

28 Beispielsweise hat der DGB die Aktion „Vergiss nie, hier arbeitet ein Mensch" gestartet, mit dem er für das Thema sensibilisieren will, vgl. www.dgb.de/mensch (Stand: 15. Februar 2020).

29 Vgl. komba nrw (Hrsg.) 2019, S. 61.

30 Unterschiedliche Formen von Gewalt am Arbeitsplatz/Workplace Violence gibt es weltweit. Einige Länder und Behörden haben Studien und Statistiken angefertigt, jedoch erschweren auch hier unterschiedliche Definitionen und Implikationen von Begriffen den Vergleich, vgl. Kohl, in komba nrw (Hrsg.) 2019, 21 f.

31 Vormals Fachhochschule für öffentliche Verwaltung (FHöV) NRW; seit dem 01. Januar 2020 in HSPV umbenannt.

komba NRW[32] zwei umfassende Studien zur Gewalt gegen Mitarbeiter in kommunalen Einrichtungen in Nordrhein-Westfalen in den Jahren 2013/14 und 2019 erstellt. Das erstellte Lagebild zum Aufkommen von Gewalt zeigt, dass gravierende Übergriffe auf Mitarbeitende von öffentlichen Verwaltungen bislang noch seltene Ausnahmeerscheinungen sind. Die überwiegende Mehrheit der Befragten gab an, dass der Kundenkontakt meist auf einer freundlichen und sachlichen Basis erfolge. Gleichzeitig komme es jedoch immer wieder zu Kontakten, die die Befragten als „angespannt" empfinden. In diesen Situationen erfahren sie zwar keine tätlichen Übergriffe, sind jedoch häufig Opfer von verbaler Gewalt und unangebrachtem Sozialverhalten.[33] Auch eine Verrohung in den Manieren wurde moniert, die auch Beschwerden, Anrempeln und „Pöbeleien" implizierten.[34] Dies ist durchaus ernst zu nehmen, da solche Situationen eskalieren und somit zu physischer Gewalt führen können. Zumal die Befragten auch psychische Erkrankungen oder Drogen- oder Alkoholprobleme bei Bürgern und Antragsstellern wahrnehmen, die sie als potentielle Gefährdung bewerten.[35]

Im Umgang mit Gewaltsituationen geben Mitarbeiter an, sich nicht ausreichend vorbereitet zu fühlen, gerne mehr über das Thema reden und Situationen üben würden.[36] Auch die mangelnde Transparenz für den Bürger betrachten die befragten Mitarbeiter als gewaltfördernden Faktor, da ein Nicht-Verständnis für die Prozesse zu Unverständnis und dies wiederum zu Verzweiflung und/oder Wut führen kann.[37]

2. Unterschiedliche Sicherheitsstandards in Bundes-. Landes- und Kommunalbehörden

Die unterschiedlichen Behörden in Deutschland arbeiten nicht nur in unterschiedlichen Rechtskreisen, Verwaltungssystemen und daher unterschiedlichen Personengruppen, sie haben jeweils auch ganz eigene und verschiedenartige Behördenstrukturen und -kulturen. Teilweise ist dieses „von Haus zu Haus" unterschiedlich: In einigen Verwaltungen wird ein großer Wert auf die Sicherheit und das Sicherheitsempfinden der Beschäftig-

32 komba ist die einzige deutsche Fachgewerkschaft für Mitarbeiter (Beamte und Tarif-Beschäftigte) der Kommunen und ihrer privatisierten Dienstleistungsunternehmen.

33 Vgl. komba nrw (Hrsg.) 2019, S. 48.

34 Vgl. komba nrw (Hrsg.) 2019, S. 51.

35 Vgl. komba nrw (Hrsg.) 2019, S. 56.

36 Vgl. komba nrw (Hrsg.) 2019, S. 59 f.

37 Vgl. komba nrw (Hrsg.) 2019, S. 60 f.

ten gelegt und in dieses mit Schulungen, Ansprechpartnern und zum Teil auch baulichen Elementen investiert. Es sollte tatsächlich als Investition betrachtet werden, für Sicherheit am Arbeitsplatz zu sorgen. Sieht man dies nur als Kostenfaktor, vernachlässigt dies, dass mangelnde Sicherheit und empfundene Unsicherheit sich negativ auf die Produktivität auswirkt. Zudem wirkt sich eine Gewalttat nachhaltig schädlich auf die Behörde aus, sowohl auf die Opfer (direkte und indirekte)[38] sowie auf den Arbeitgeber und die Institution.

Schäden für die Opfer sind:
- Körperliche Schäden und Verletzungen
- Stress
- Gefühle der Ohnmacht und Hilflosigkeit
- Angstzustände
- Schlafstörungen
- Posttraumatische Belastungsstörung
- Motivationsverlust
- Sozialer Rückzug
- Konzentrationsschwierigkeiten

Schäden für den Arbeitgeber sind:
- Zunahme der Fehlzeiten
- Abnahme der Produktivität
- Sinkende Motivation
- Höhere Versicherungskosten
- Imageverlust[39]

In einigen Behörden hat die Erfahrung gezeigt, dass Maßnahmen ergriffen werden müssen, um einen geregelten Arbeitsablauf zu gewährleisten, wie beispielsweise die Beauftragung von Wach- und Security-Firmen, die in Jobcentern am Eingang stehen und mehr oder weniger täglich eingreifen müssen. Und tatsächlich ist es in den meisten Fällen so, dass erst ein Gewaltvorfall entsprechende Auswirkungen hat und dazu führt, das Präventions- und Schutzkonzepte erstellt werden.

38 Direkte Opfer sind solche, die direkt von der Gewalt betroffen sind und verletzt wurden. Damit werden auch die Zeugen bezeichnet, die die Gewalt miterleben mussten. Aber auch Personen, die nicht vor Ort waren, aber beispielsweise in der Behörde arbeiten, sind als Opfer zu betrachten. Diese bezeichnet man dann als indirekte Opfer.

39 Vgl. Deutsche Gesetzliche Unfallversicherung 2011, S. 19; komba nrw (Hrsg.) 2019, S. 65.

3. Rechtliche Grundlagen der Gewaltprävention

Sicherheit am Arbeitsplatz zu gewährleisten, ist derweil keine freiwillige Aufgabe für Arbeitgeber, sondern eine Pflicht. Insbesondere im öffentlichen Dienst als staatliche Institutionen ist der Dienstherr entsprechend gefordert. Insbesondere dann, wenn eine Gefahrenlage ersichtlich wird, ist der Dienstherr aufgefordert zu handeln und Schutzmaßnahmen zu initiieren. Nachfolgend werden nur einige rechtliche Grundsätze in der gebotenen Kürze dargelegt.

In Deutschland steht der Arbeitnehmer unter dem Schutz des *Gesetzes über die Durchführung von Maßnahmen des Arbeitsschutzes zur Verbesserung der Sicherheit und des Gesundheitsschutzes der Beschäftigten bei der Arbeit* (kurz: Arbeitsschutzgesetz= ArbSchG). Die **Grundpflichten** des Arbeitgebers sind im § 3 ArbSchG geregelt.

> Der **§ 3 ArbSchG** im Wortlaut:
>
> (1) Der Arbeitgeber ist verpflichtet, die erforderlichen Maßnahmen des Arbeitsschutzes unter Berücksichtigung der Umstände zu treffen, die Sicherheit und Gesundheit der Beschäftigten bei der Arbeit beeinflussen. Er hat die Maßnahmen auf ihre Wirksamkeit zu überprüfen und erforderlichenfalls sich ändernden Gegebenheiten anzupassen. Dabei hat er eine Verbesserung von Sicherheit und Gesundheitsschutz der Beschäftigten anzustreben.
>
> (2) Zur Planung und Durchführung der Maßnahmen nach Absatz 1 hat der Arbeitgeber unter Berücksichtigung der Art der Tätigkeiten und der Zahl der Beschäftigten
>
> 1. für eine geeignete Organisation zu sorgen und die erforderlichen Mittel bereitzustellen sowie
> 2. Vorkehrungen zu treffen, dass die Maßnahmen erforderlichenfalls bei allen Tätigkeiten und eingebunden in die betrieblichen Führungsstrukturen beachtet werden und die Beschäftigten ihren Mitwirkungspflichten nachkommen können.
>
> (3) Kosten für Maßnahmen nach diesem Gesetz darf der Arbeitgeber nicht den Beschäftigten auferlegen.

Die **Allgemeinen Grundsätze** zum Schutz der Mitarbeiter sind in § 4 ArbSchG geregelt.

> Der **§ 4 ArbSchG** im Wortlaut:
>
> „Der Arbeitgeber hat bei Maßnahmen des Arbeitsschutzes von folgenden allgemeinen Grundsätzen auszugehen:
>
> 1. Die Arbeit ist so zu gestalten, dass eine Gefährdung für das Leben sowie die physische und die psychische Gesundheit möglichst vermieden und die verbleibende Gefährdung möglichst geringgehalten wird;
> 2. Gefahren sind an ihrer Quelle zu bekämpfen;
> 3. bei den Maßnahmen sind der Stand von Technik, Arbeitsmedizin und Hygiene sowie sonstige gesicherte arbeitswissenschaftliche Erkenntnisse zu berücksichtigen;

4. Maßnahmen sind mit dem Ziel zu planen, Technik, Arbeitsorganisation, sonstige Arbeitsbedingungen, soziale Beziehungen und Einfluss der Umwelt auf den Arbeitsplatz sachgerecht zu verknüpfen;
5. individuelle Schutzmaßnahmen sind nachrangig zu anderen Maßnahmen;
6. spezielle Gefahren für besonders schutzbedürftige Beschäftigtengruppen sind zu berücksichtigen;
7. den Beschäftigten sind geeignete Anweisungen zu erteilen;
8. mittelbar oder unmittelbar geschlechtsspezifisch wirkende Regelungen sind nur zulässig, wenn dies aus biologischen Gründen zwingend geboten ist.“

Beamte und Tarifbeschäftigte

Beamte unterstehen der besonderen Fürsorgepflicht nach dem *Gesetz zur Regelung des Statusrechts der Beamtinnen und Beamten in den Ländern* (BeamtStG). Die Fürsorgepflicht ist in § 45 BeamtStG geregelt und besitzt zentrale Bedeutung für das Beamtenverhältnis. Danach hat der Dienstherr im Rahmen des Dienst- und Treueverhältnisses für das Wohl der Beamtinnen und Beamten zu sorgen und diese bei der Ausübung ihrer amtlichen Tätigkeit zu schützen, d.h. auch gegen unberechtigte Angriffe jeglicher Art in Schutz zu nehmen.

Dies gilt übertragen nicht nur für Beamte, sondern auch für Beschäftigte im öffentlichen Dienst. Entsprechend impliziert die Fürsorgepflicht neben dem rein technischen Arbeitsschutz auch die Verpflichtung, Arbeitnehmer vor Angriffen, Belästigungen usw. durch Dritte zu schützen. Die Abwägung der notwendigen Maßnahmen kann im jeweiligen Einzelfall entschieden werden.[40]

Zuletzt hat der Freistaat Bayern angekündigt, den Rechtsschutz für alle Beschäftigten im öffentlichen Dienst ausweiten zu wollen.[41] Wie der Dienstherr konkret vorgeht, um seine Mitarbeiter vor Gewalt zu schützen, kann allerdings in Gesetzen nicht dezidiert festgelegt werden, da es stets um individuelle Situationen und Maßnahmen geht. Das Bewusstsein um die Gefährdungssituationen hat sich allerdings in den letzten Jahren aufgrund diverser Vorfälle und gefährdender Situationen, bzw. solche, die so empfunden wurden, verändert.

40 Vgl. komba nrw (Hrsg.) 2019, S. 126.

41 Vgl. Stern, in: Main Post vom 19. Dezember 2019.

4. Implementieren eines Risiko- oder Bedrohungsmanagements

Grundgedanke eines Risiko- oder Bedrohungsmanagements (*Threatmanagement*) ist die Verhinderung von Gewalt am Arbeitsplatz. Untersuchungen haben gezeigt, dass vor allem schwere Gewalt in den seltensten Fällen völlig unerwartet passiert. Meistens entwickeln sich Eskalationen und Konflikte, die der schweren Gewalttat zugrunde liegen, im Vorfeld. Häufig gibt es Anzeichen, bei denen bereits interveniert werden kann, bevor es zu einer Gewalteskalation kommt. Und tatsächlich werden immer wieder Gewalthandlungen durch Aufmerksamkeit und umsichtiges Verhalten verhindert. Dieser doch sehr positive Aspekt sollte zum Ansporn genommen werden, darf gleichzeitig jedoch nicht zu einer unrealistischen Erwartungshaltung führen: Nicht immer lässt sich Gewalt verhindern, nicht immer erkennen Menschen die Warnzeichen in der konkreten Situation oder deuten sie richtig. Auch das Bedrohungsmanagement wird von Menschen geleistet und jede Situation, jede Gefährdung ist anders.

Deswegen ist in einem ersten Schritt bei der Implementierung eines Bedrohungsmanagements ein Fokus auf die Aufklärung und Sensibilisierung der Mitarbeiter zurichten: Den Blick zu schulen und Aufmerksamkeit in der Behörde für mögliche bedrohliche Verhaltensweisen zu schaffen, ist bereits ein wesentlicher Baustein. Denn der Grundgedanke des Bedrohungsmanagements ist es, kritische Dynamiken rechtzeitig zu erkennen und zu intervenieren. Ziel ist ein frühzeitig einsetzendes und individuelles Fallmanagement, um Gefährdungen begegnen zu können, bevor sie zu einer heftigen Eskalation anwachsen. Außerdem geht es darum, Maßnahmen zu entwickeln, die von den Beschäftigten übernommen werden können, und das Sicherheitsgefühl der Beschäftigten zu stärken: Es gibt eine Anlaufstelle, die man aufsuchen kann, wenn man sich unsicher oder bedroht fühlt und in der Raum zum vertraulichen Gespräch ist.

Insbesondere die Bezeichnung „Bedrohungsmanagement“ empfinden Beschäftigte mitunter zu negativ. Wir benutzen ihn vorliegend, da es aus unserer Sicht um Bedrohungslagen und individuelle bedrohliche Situationen geht. Was ein Mensch als bedrohlich empfindet, ist unterschiedlich. Ist das subjektive Sicherheitsempfinden berührt oder gar verletzt, bedarf es der Maßnahmen. Damit eine Bedrohung gar nicht erst in einem Schadensfall endet, bzw. damit die Lage schnell wieder unter Kontrolle gebracht werden kann, bedarf es der aktiven Steuerung.

Im Prinzip ist es irrelevant, wie man ein entsprechendes Team oder Beauftragte für diesen Bereich benennen möchte. Wichtig ist jedoch, dass jedem in der Behörde bekannt ist, dass es eine Zuständigkeit gibt und wie an diese herangetreten werden kann. Wichtig ist die Transparenz von Zuständigkeiten für alle Beschäftigten. Wenn beispielsweise das Risikomanagement (RM)/Bedrohungsmanagement (BM) von einem oder einer Beauftragten und einem Stellvertreter bestritten wird, dann sollten diese Personen sich für diese Stellen melden/bewerben und nicht einfach ernannt werden. Neben der Infrastruktur (Raum, Ausstattung), der Organisation (Sprechzeiten, Bekanntmachung, Netzwerk intern/extern, Berichtspflichten, etc.) ist zunächst der Fortbildungs- und Schulungsbedarf zu ermitteln.

Der Umgang mit Konfliktsituationen kann in sechs Phasen erfolgen:

- **Phase 1 Realisieren:**
  Konflikte gehören zu zwischenmenschlichen Beziehungen dazu. Dies einzukalkulieren öffnet den Blick für die aktive Gestaltung des Arbeitsplatzes und des Miteinanders.
- **Phase 2 Verstehen:**
  Konflikte und ihre Ursachen und Dynamiken (Aktion/Reaktion) haben ihre eigene Logik. Diese sollte man verstehen lernen, durch Analyse vor und während eines Konfliktes.
- **Phase 3 Intervention:**
  Wie man auf Konfliktsituationen reagiert, sollte man sich bereits im Vorfeld überlegen, um im Konfliktfall handlungsfähig zu sein. Im Konflikt geht es um die vorhandenen Möglichkeiten zur Intervention in der jeweiligen Situation.
- **Phase 4 Aufarbeiten:**
  Ist der Konflikt vorüber, sollte eine Situationsanalyse im Anschluss durchgeführt werden. Leitfragen sind: Was hat funktioniert, was nicht? Warum hat etwas funktioniert/nicht funktioniert?
- **Phase 5 Dokumentation:**
  Die Ergebnisse dieser Analyse müssen festgehalten werden. Zudem sollte man sie dann im Team oder zwischen Vorgesetzten und den Betroffenen besprechen.
- **Phase 6 Verarbeitung:**
  Wichtig ist, nach einer Konfliktsituation miteinander zu reden und gegenseitig zu erfragen, was die Mitarbeiter jeweils zur Verarbeitung brauchen.

Um die Aufgaben gut bearbeiten und bewältigen zu können, müssen Menschen sich sicherfühlen können. Das individuelle Sicherheitsempfinden wird durch unterschiedliche Faktoren geprägt, die nicht nur auf objektiven Parametern basieren.

5. Individuelles Sicherheitsgefühl

Wie sehr sich Menschen sicher oder verunsichert fühlen, hängt nicht zuletzt von der realen Kriminalität und der Berichtserstattung über sie ab. In den vergangenen Jahren wies die Polizeiliche Kriminalstatistik (PKS) einen Rückgang der registrierten Straftaten aus. Politiker und Medien verkündeten gleichermaßen, dass die Kriminalität in Deutschland das zweite Jahr in Folge gesunken sei. Ob Kriminalität tatsächlich steigt oder sinkt, kann mit der PKS allerdings nicht vollkommen beantwortet werden. In der PKS werden die Straftaten gezählt, die zur Anzeige gebracht und nach Bearbeitung durch die Polizei an die Staatsanwaltschaft abgeben werden.

2019 hat das Bundeskriminalamt (BKA) zeitgleich mit Veröffentlichung der PKS 2018 die Ergebnisse des Deutschen Viktimisierungssurvey (DVS) vorgestellt. In dieser Dunkelfeldstudie[42] wurden für 2016/2017 mehr als 31.000 Menschen ab 16 Jahren in Deutschland repräsentativ befragt. Ziel des DVS 2017 war es herauszufinden, wie häufig die Bürger Opfer von Straftaten werden, wie sicher sie sich fühlen, wie sie die Arbeit von Polizei und Justiz bewerten, wie all dies mit ihrer Lebenssituation zusammenhängt und wie es sich seit der letzten Erhebung 2012 verändert hat. Der überwiegende Teil der Bevölkerung ist der Meinung, dass die örtliche Polizei gute Arbeit bei der Verbrechensbekämpfung leistet. Gleichzeitig aber verschlechterte sich die subjektive Bewertung der Effektivität der Polizeiarbeit im Vergleich zu 2012 leicht.[43]

Zudem zeigen die Entwicklungen der letzten Jahre, dass die Menschen in ihre Sicherheit investieren, sei es mit Alarmsystemen, Selbstverteidigungskursen oder Hundeabwehrspray in der Handtasche. Diese Vorkehrungen führen tatsächlich zu einem verbesserten persönlichen Sicherheitsgefühl, weil sie ein Gefühl von Kontrolle und Handlungsfähigkeit geben.

6. Sicherheitsgefühl am Arbeitsplatz verbessern

Das Maß an empfundener Sicherheit hat sehr viel mit empfundener Kontrolle zu tun: Je eher ein Mensch das Gefühl hat, eine Situation kontrollieren zu können, desto sicherer fühlt er sich. Sie können Ihr subjektives Sicherheitsempfinden steigern, indem Sie Ihren Arbeitsplatz sicher einrichten. Steht zum Beispiel Ihr Schreibtisch so, dass sie zur Tür herauskönnen, wenn sich

42 Dunkelfeldstudien erfragen Kriminalität, die nicht von den Opfern angezeigt wurde und die deswegen nicht in der PKS und damit nicht als Straftat registriert wurde. Zudem erfragen sie die Gründe, warum die Straftat nicht angezeigt wurde.

43 BKA (Hrsg.) 2019, S. 71 ff.

ein Gast in Ihrem Büro aufhält, der sich aggressiv verhält? Wenn nicht und dies aus baulichen Gründen nicht geht, positionieren sie Gegenstände wie Tacker, Locher, Schere usw. stets so, dass sie in Ihrer Griffweite, jedoch nie in der eines Fremden liegen. Überprüfen Sie Ihren Arbeitsplatz auf mögliche Risiken. Besprechen Sie dieses Thema auch in Ihrer Abteilung. Wenn Sie ein behördeneigenes Risiko- oder Bedrohungsmanagement haben, fragen Sie dort nach Tipps oder bitten Sie im Rahmen eines Indoor-Seminars um eine entsprechende Sichtung ihres Büroraumes, wenn dies möglich ist.

7. Anlegen eines innerbehördlichen Notfallordners

Damit im Notfall die wichtigsten Unterlagen schnell zu Hand sind, ist die Anfertigung eines Notfallordners hilfreich, der jedem Mitarbeiter bei Arbeitseintritt ausgehändigt und griffbereit in der Schreibtischschublade verbleiben sollte. Ein solcher Ordner kann folgende Inhalte enthalten:

- Verhaltensweisen im Not- und Brandfall (geordnetes Verlassen des Gebäudes, Befolgen von Ansagen, etc.).
- Notfallpläne und innerbetriebliche Meldewege (wer ist in welchem Fall zu informieren).
- Räumungsplan/Plan für Flucht- und Rettungswege/Sammelpunkte.
- Wichtige Telefonnummern (intern, wie z. B. Erst- und Brandschutzhelfer, sowie extern, beispielsweise Notrufnummern, etc.).
- Liste der medizinischen und psychologischen Erstbetreuung.
- Informationen zum betrieblichen Nachsorgekonzept und Ansprechpartner.
- Formulare für Vorfallsberichte.
- Formblatt zur Strafanzeige.

8. Checkliste: Sicherheitsbedarfe im Innen- und Außendienst

Erfahrungswerte zeigen, dass sich Gefährdungssituationen häufig entwickeln und selten komplett unvorbereitet entstehen. Daher sollte die Wachsamkeit im Alltag oberste Priorität haben und zur Selbstverständlichkeit werden, ohne dabei in Angst zu verfallen. Je wachsamer ein Mensch seine Umgebung wahrnimmt, desto sicherer kann er sich darin fühlen. Dazu gehört es auch, den Büroraum sicher zu gestalten. Sinnvoll ist, die Räume in gemeinsamen Durchgängen in Augenschein zu nehmen und zu überlegen, was verändert und wie sie sicherer gestaltet werden können. Nachfolgende Liste stellt hierfür einige Aspekte dar:

a) Innendienst

- Mobiliar im Raum nach Möglichkeit so gestalten, dass Fluchtwege offen sind (möglichst eine Sitzsituation in einer Ecke vermeiden.
- Darauf achten, dass sich gefährliche Gegenstände (z.B. Locher, Schere, Brieföffner, etc.) außer Reichweite des Gegenübers befinden (z.B. in Schublade aufbewahren)
- Möglichkeiten zur Distanzschaffung von Beschäftigten und dem Gegenüber prüfen (z.B. hoher Empfangstisch [Tresen] am Eingangsbereich).
- Darauf achten, dass das Büro freundlich und aufgeräumt wirkt.
- Im Umgang mit schwierigeren Anliegen und Gegenüber bieten sich Büros mit Verbindungstüren an
- Möglichkeiten zur **Tastaturalarmierungen** umliegender Büros (damit einhergehend sind Schulungen zum Umgang im Alarmierungsfall notwendig, siehe Kasten unten)

Verhalten bei einem sog. „stillen Alarm" via PC: Für gewöhnlich bekommen Sie mit der Alarmierung im Bildschirm eingeblendet, aus welchem Büro/von welchem Dienstrechner der Alarm gesendet wurde. Diesen Alarm bekommen mehrere Personen. Verständigen Sie sich kurz, wer in das Büro eintreten soll. Treten Sie zunächst nicht mit mehreren Personen ein, es ist besser, wenn noch eine Person vor dem Büro bleibt und eine weitere in einem Büro gegenüber bei geöffneter Tür verweilt. Diese kann im Notfall die Polizei anrufen. Horchen Sie zunächst an der Tür, ob sie einen Streit oder dergleichen wahrnehmen. Ist die Situation ruhig, kann der eintretende Beschäftigte mit einer Umlaufmappe eintreten und den Beschäftigten, der den Alarm ausgelöst hat, bitten, zu einem Termin zu erscheinen. Kommt es an dieser Stelle zu einer Verabschiedung, sollte er solange im Raum verweilen. Ist ein Streit deutlich hörbar, sollte das Auftreten des eintretenden Mitarbeiters entsprechend sein. Ein lautes Klopfen an der Tür zur Ankündigung, sofortiges Eintreten und dann ruhig die Frage stellen, ob alles in Ordnung ist. Hier ist es wichtig, dem Aufgebrachten gegenüber nicht den Weg zu verstellen, also nicht im Türrahmen stehen zu bleiben. Sondern lieber dem Aggressor einen Fluchtweg freilassen, damit dieser ungehindert und schnell aus dem Büro verschwinden kann. Sollte die Situation eskalieren, sollte umgehend die Polizei gerufen und der Aggressor darüber informiert werden. Fordern Sie ihn mit knappen Worten auf, das Büro zu verlassen: „Wir haben die Polizei verständigt. Verlassen Sie das Büro."

b) Außendienst

- Auf Termine vorbereiten, Informationen über Personen nach Möglichkeit im Vorfeld in Erfahrung bringen.
- Kollegen/Zentrale über Termine in Kenntnis setzen.
- Wenn Bedenken vorliegen und die Möglichkeit besteht, Termine zu zweit wahrnehmen.
- Eintritt in die Wohnung nach Überlegung des Beschäftigten, wo der sicherste Platz für ein Gespräch ist.
- Wenn die aufzusuchende Person gewalttätig ist und Konflikte absehbar sind, kann die Begleitung durch die Polizei im Rahmen von Amtshilfe gewährleistet werden.

Die Gewerkschaft *komba* Nordrhein Westfalen empfiehlt sogar eine Schutzausrüstung, auf die Mitarbeiter im Außendienst zugreifen können (z. B. Stich- und schusssichere Westen, Schutzhandschuhe, Sicherheitsschuhe, Handlampe).[44]

44 Vgl. Kohl, in: komba nrw (Hrsg.) 2019, S. 88.

III. Betrug und Erschleichen von (Sozial-)Leistungen

Soziale Leistungen des Staates sind Hilfen für Menschen, die in einer finanziell und sozial schwachen Lage und somit bedürftig sind. Wer Sozialleistungen wie ALG II, Wohngeld oder BAföG beantragt, muss daher alle Angaben zu Einkommen, Vermögenswerten oder zum Gesundheitszustand wahrheitsgemäß angeben. Aufgrund all dieser Angaben, die man von sich preisgeben muss, ist es für viele Menschen unangenehm, soziale Leistungen nach den Sozialgesetzbüchern (SGB) in Anspruch zu nehmen. Dennoch gibt es auch Antragssteller, die andere Einnahmen besitzen, beispielsweise aber das Prinzip der Grundsicherung für sich anders auslegen. Zum Teil ist die Leistungserschleichung, bzw. der Sozialbetrug mit weiteren Straftaten verbunden, wie beispielsweise Schwarzarbeit.

Das Erschleichen (unbefugte Inanspruchnahme) von öffentlichen Leistungen z. B. durch falsche Angaben über die Erwerbsfähigkeit oder die tatsächlichen Vermögensverhältnisse bei der Beantragung von Arbeitslosengeld II (ALG II) fällt grundsätzlich in den Bereich des Betrugstatbestandes gemäß § 263 Strafgesetzbuch (StGB).

Betrug gem. § 263 StGB

(1) Wer in der Absicht, sich oder einem Dritten einen rechtswidrigen Vermögensvorteil zu verschaffen, das Vermögen eines anderen dadurch beschädigt, dass er durch Vorspiegelung falscher oder durch Entstellung oder Unterdrückung wahrer Tatsachen einen Irrtum erregt oder unterhält, wird mit Freiheitsstrafe bis zu fünf Jahren oder mit Geldstrafe bestraft.

(2) Der Versuch ist strafbar.

(3) In besonders schweren Fällen ist die Strafe Freiheitsstrafe von sechs Monaten bis zu zehn Jahren. Ein besonders schwerer Fall liegt in der Regel vor, wenn der Täter

1. gewerbsmäßig oder als Mitglied einer Bande handelt, die sich zur fortgesetzten Begehung von Urkundenfälschung oder Betrug verbunden hat,
2. einen Vermögensverlust großen Ausmaßes herbeiführt oder in der Absicht handelt, durch die fortgesetzte Begehung von Betrug eine große Zahl von Menschen in die Gefahr des Verlustes von Vermögenswerten zu bringen,
3. eine andere Person in wirtschaftliche Not bringt,
4. seine Befugnisse oder seine Stellung als Amtsträger oder Europäischer Amtsträger missbraucht oder
5. einen Versicherungsfall vortäuscht, nachdem er oder ein anderer zu diesem Zweck eine Sache von bedeutendem Wert in Brand gesetzt oder durch eine Brandlegung ganz oder teilweise zerstört oder ein Schiff zum Sinken oder Stranden gebracht hat.

(4) § 243 Abs. 2 sowie die §§ 247 und 248a gelten entsprechend.

(5) Mit Freiheitsstrafe von einem Jahr bis zu zehn Jahren, in minder schweren Fällen mit Freiheitsstrafe von sechs Monaten bis zu fünf Jahren wird bestraft, wer

den Betrug als Mitglied einer Bande, die sich zur fortgesetzten Begehung von Straftaten nach den §§ 263 bis 264 oder 267 bis 269 verbunden hat, gewerbsmäßig begeht.

(6) Das Gericht kann Führungsaufsicht anordnen (§ 68 Abs. 1).

Betrug nach § 263 StGB ist also die durch Täuschung verursachte Vermögensschädigung eines anderen in Bereicherungsabsicht. Geschütztes Rechtsgut ist das Vermögen, und zwar sowohl das private als auch das Vermögen der öffentlichen Hand. Ist die Vergabe von öffentlichen Mitteln an bestimmte Voraussetzungen geknüpft, so liegt nach allgemeiner Auffassung ein Vermögensschaden der öffentlichen Hand im Sinne des § 263 StGB vor, wenn die Leistung erbracht wird, ohne dass die Anspruchsvoraussetzungen für die Sozialleistung (z. B. ALG II) erfüllt sind. Für das Vorliegen des Betrugstatbestandes ist darüber hinaus erforderlich, dass der Leistungsempfänger die Behörde über das Vorliegen der Anspruchsvoraussetzungen getäuscht und damit einen Irrtum über anspruchserhebliche Tatsachen erregt hat.

Erscheinungsformen:

- Offene oder verdeckte Arbeitsverweigerung
- Verschweigen von Vermögen
- Verschweigen von Erwerbs- und sonstigen Einkommen
- Manipulation von Unterkunftskosten
- Mehrfachbezug von Sozialleistungen
- Missbrauch von Krankenscheinen
- Verweigerung von Auskünften

Mittlerweile ist Sozialleistungsmissbrauch zu einem bedeutsamen Problem für den Staat geworden.

> Am 18. Juli 2019 ist das Gesetz gegen illegale Beschäftigung und Sozialleistungsmissbrauch in Kraft getreten.[45] Ziel des Gesetzes ist es, Arbeitnehmerinnen und Arbeitnehmer noch besser vor illegalen Lohnpraktiken und Arbeitsausbeutung zu schützen und Schwarzarbeit, Sozialleistungsmissbrauch und illegaler Beschäftigung insgesamt noch konsequenter entgegenzuwirken.[46]

45 BGBl. I S. 1066.

46 Sozialleistungsmissbrauch besteht beispielsweise im unzulässigen Anbieten der Arbeitskraft zur Schwarzarbeit im öffentlichen Raum sowie auf Online-Plattformen und in Printmedien (Arbeitnehmerbörsen). Auf Grundlage des Gesetzes will die Bundesregierung auch die Missstände um illegale Arbeitnehmerbörsen, auch „Arbeiterstriche" genannt, bekämpfen. Insbesondere in Ballungsräumen bieten Personen ihre Arbeitskraft zur Erledigung schwerer körperlicher Arbeiten unter Inkaufnahme einer Entlohnung weit unterhalb des Mindestlohns an. Mit dem Gesetz erhält die FKS die Befugnis, schon bei der Anbahnung illegaler Arbeitsverhältnisse auf Arbeiterstrichen einzuschreiten und Platzverweise auszusprechen.

Da Scheinselbstständigkeit zu fehlender sozialer Absicherung bei den vermeintlich Selbstständigen führt und die Sozialsysteme belastet, werden die Prüfungs- und Ermittlungsbefugnisse der Finanzkontrolle Schwarzarbeit der Zollverwaltung (FKS) mit diesem Gesetz erweitert. Bei Verdacht auf Scheinselbstständigkeit ist eine Prüfung beim Scheinselbstständigen an der gemeldeten Betriebsstätte oder an Amtsstelle möglich. Das betrügerische Erschleichen von Sozialleistungen geht oft mit fingierten Arbeitsverträgen, die den zuständigen Behörden als Nachweis für die vermeintliche Anspruchsberechtigung vorgelegt werden, einher. Daher wird der FKS die Prüfung vorgetäuschter Beschäftigungsverhältnisse ermöglicht. Diese Befugniserweiterung wird als bedeutsamer Schritt zur wirkungsvollen Bekämpfung des Sozialleistungsbetrugs gesehen.[47]

1. Zur Psychologie des Betrugs

Studien und Statistiken der Justizvollzugsanstalten lassen den Schluss zu, dass ein Großteil der Betrüger meist zwischen 18 und 40 Jahren alt und männlich ist.[48] Tatsächlich ist Betrug als vielschichtiges Phänomen (von leichten bis schweren Formen, von einmaligem bis mehrmaligem Betrug, von dem persönlichen bis hin zum systematischen Betrug gegen Fremde usw.), in dem sich alle sozialen sowie Alters- und Personengruppen wieder finden.

Allwinn, *Hoffmann*, *Tultschinetski* und *Streich* haben einige weitere Merkmale und Faktoren herausgearbeitet: Demnach nutzen Betrüger sog. Neutralisierungstechniken, um die persönliche Verantwortung zu minimieren oder zu leugnen. Beispielsweise leugnen sie Verantwortung, weil ihnen eine Information fehlte, sie es nicht genau wussten oder sogar, weil sie gar nicht die Möglichkeiten hatten, sich anders zu verhalten.[49] Auch die Fremdschädigung wird geleugnet, bzw. bagatellisiert (beispielsweise, der Staat habe genug Geld, niemand würde direkt geschädigt,[50] etc.).[51] Eine andere Neutralisierungstechnik ist es, den Fokus auf die Kontrollinstanz (z.B. den Staat) zu richten und ihm

47 Weitere Informationen sind beim Zoll verfügbar; zur Gesetzesnovellierung vgl. die Meldung vom 30. Juli 2019, unter: www.zoll.de/SharedDocs/Fachmeldungen/Aktuelle-Einzelmeldungen/2019/arbeit_neues_gesetz_fks.html (Stand: 13. Februar 2020).

48 Vgl. Allwinn/Hoffmann/Tultschinetski/Streich, in: Polizei & Wissenschaft 2/2018, S. 35.

49 Vgl. Allwinn/Hoffmann/Tultschinetski/Streich, in: Polizei & Wissenschaft 2/2018, S. 36 f.

50 In diesem Kontext fallen auch sog. „opferlose Delikte“, wie beispielsweise der Aufenthalt in einem anderen Bezirk einer Ausländerbehörde als dem zugewiesenen Bezirk (Residenzpflicht). Das geschützte Rechtsgut wäre hier die Effizienz der Arbeit der Ausländerbehörden.

51 Vgl. Allwinn/Hoffmann/Tultschinetski/Streich, in: Polizei & Wissenschaft 2/2018, S. 37.

Korruption vorzuwerfen.[52] Auch die Bezugnahme auf Dritte zählt zu entsprechenden Strategien (man habe den Betrug nicht für sich, sondern für jemand anderen begangen, etc.).[53] Zu unterscheiden ist auch, ob es sich bei einem Betrüger um einen Gelegenheitstäter (durch situative Umwelteinflüsse, die eine Tat begünstigt haben) oder um einen professionellen Verbrecher handelt (eine Person, die aktiv nach Möglichkeiten zum Betrug sucht).[54]

2. Bedrohungsmanagement

An sich handelt es sich beim Betrugsverdacht zunächst immer um einen Prüffall, der unter Umständen zu einer Strafanzeige führt. Regelmäßig sehen die Strukturen es hier vor, den nächsten Vorgesetzten einzuschalten und den Sachverhalt entsprechend aufzubereiten. Dies ist zunächst keine bedrohliche Lage. Wenn in solchen Fällen eine Strafanzeige erfolgt, führt dies unter Umständen dazu, dass Personen aggressiv reagieren.

Sie haben einen Sachverhalt korrekt geprüft und bei der Feststellung von Unstimmigkeiten ein entsprechendes Verfahren eröffnet. Doch genau davor haben Beschäftigte im öffentlichen Dienst manchmal Angst, vor allem dann, wenn sie die Person bereits negativ erlebt haben oder wissen, dass er schon im strafrechtlichen Kontext in Erscheinung getreten ist. Entsprechend wichtig ist hier, dass Beschäftigte nicht als die Verantwortlichen alleine dastehen.

3. Zusammenfassung

- Betrügerisches Verhalten ist gesellschaftlich weit verbreitet.
- Bezogen auf das Erschleichen von Leistungen empfinden viele Täter ihre Tat als weniger schlimm oder auch als gerechtfertigt.
- Mittlerweile stellt die Dimension des Sozialleistungsmissbrauches in Deutschland ein Problem dar, dem nun stärker entgegengewirkt werden soll.
- Aggressives Verhalten durch das Entlarven eines Täters ist nicht zwangsläufig; es empfiehlt sich jedoch, sich niedrigschwellig und individuell um Schutzmaßnahmen für die Mitarbeiter zu kümmern, die die Sachverhalte ermitteln und aufbereiten.

---

52 Allwinn, Hoffmann, Tultschinetski und Streich bezeichnen dies als „Verdammung der Verdammenden", vgl. Allwinn/Hoffmann/Tultschinetski/Streich a. a. O.

53 Vgl. Allwinn/Hoffmann/Tultschinetski/Streich a. a. O.

54 In diesem Kontext können auch Persönlichkeitsstörungen eine besondere Rolle spielen, vgl. hierzu Kapitel VI.

IV. Umgang mit aggressiven und gewalttätigen Menschen

Beruflich einem aggressiven Menschen zu begegnen, kann in ganz unterschiedlichen Situationen geschehen. Beispielsweise in der Bibliothek, während des Unterrichts/einer Vorlesung oder während einer Beratungssituation. Dies ist bigott, denn eigentlich bieten Sie Hilfe bzw. geben Unterricht oder stellen eine sonstige Serviceleistung zur Verfügung. Wie dem auch sei: Nicht jedem Anliegen, das durch einen Bürger oder Antragssteller vorgebracht wird, kann entsprochen werden. Zu den vielfältigen Tätigkeiten im öffentlichen Dienst gehört es, Wünsche zu verwehren, negativ zu bescheiden oder auch Sanktionen gegen einen Menschen zu vollstrecken. Häufig äußert sich Aggressivität verbal und in Drohgebärden, teilweise in Sachbeschädigung und glücklicherweise eher selten in physischer Gewalt.

1. Aggressive Personen

Der Begriff Aggression (vom lat. *aggredi = angreifen*) wird uneinheitlich definiert.[55] Generell muss die Bedeutung keine negative sein, wenn es um die *konstruktive Aggression* geht, die Menschen benötigen, um sich durchzusetzen und Ziele zu erreichen. Aggressives Verhalten kann sich in unterschiedlichen Formen zeigen. Generell unterscheidet man zwei Arten von Wut. *Heiße Wut* ist ein impulsives, unüberlegtes Aufbrausen, meist reflexartig und kann sich steigern. Die Person bekommt häufig einen roten Kopf, wird laut, denkt nicht nach. Der Körper wirkt angespannt, die Lippen sind schmal, der Blick ist fokussiert. Solche Wutanfälle sind regelmäßig nicht von langer Dauer, dafür wären sie auch zu anstrengend. *Kalte Wut* funktioniert im Gegensatz dazu überlegt bei einem ruhigen Puls. Sie ist zielgerichtet und geplant. Daneben gibt es noch die *passive Wut*, also eine innere Wut, die nicht offen ausgetragen, sondern über Verhaltensweisen nur indirekt zum Ausdruck gebracht wird. Dies kann für die Menschen im Umfeld sehr anstrengend sein, da sie häufig den Eindruck haben, sie hätten etwas Falsches getan, wissen jedoch nicht, was.

Sie registrieren ihr Gegenüber, Mimik und Körperhaltung wirken bedrohlich, die Stimme wird laut, ggf. spricht er Drohungen aus. Dabei treten die Augen hervor, die Person versucht mit körperlicher Präsenz Raum einzunehmen und den Abstand zu Ihnen zu verringern (durch Vorbeugen oder in

55 Vgl. Wahl 2009, S. 7.

dem er auf sie zugeht). Eine solche Situation geschieht deutlich schneller, als Sie diesen Absatz in Ruhe durchlesen können. Wie schnell die Aggression in eine körperliche Reaktion umschlägt, hängt vom jeweiligen Menschen und seiner Impulskontrolle ab.

Nach eben dieser Impulskontrolle werden Aggressionstypen unterschieden:

a) Der Erregungstyp

Bei ihm gehört es, je nach persönlicher Ausprägung, zum Alltag, auszuflippen. Das können Kleinigkeiten sein, beispielsweise beim Autofahren. Umgangssprachlich bezeichnet man solche Menschen auch als Hitzköpfe.

Hitzköpfe gibt es viele. Vermutlich kennen Sie selbst den ein oder anderen Hitzkopf in Ihrem Bekannten- und Verwandtenkreis. Somit haben Sie bei diesen Zeilen bereits eine Person im Kopf, mit der Sie diesen Begriff verbinden. Die Erinnerung an diese Person bringt auch Empfindungen mit sich. Wie sehen Sie diesen Hitzkopf vor sich und was löst die Vorstellung von ihm bei Ihnen aus? Wie reagieren Sie gewöhnlich, wenn Sie erleben, dass er über etwas Rage gerät? Hitzköpfe sind Menschen mit viel Energie. Sie sind aufbrausend, aber meist recht schnell wieder einzufangen.

<u>Typisches Verhalten</u>:

- rastet regelrecht aus;
- ist im Moment der Eskalation nicht mehr Herr seiner Sinne (ist „rasend“ bzw. „blind“ vor Wut).
- Physische erste Anzeichen der beginnenden Anspannung können sein: plötzlich ganz ruhig werden, wenn er vorher gesprächig war, Muskelkontraktionen, das Ballen der Fäuste, Stressflecken im Gesicht, versteinerter Gesichtsausdruck, pochende Halsschlagader, malende Kiefermuskulatur, etc.

<u>Umgang:</u>

Hier sollte man versuchen, frühzeitig die Anzeichen für eine drohende Eskalation wahrzunehmen und zu reagieren. Diese Personen können häufig noch zu Beginn der sich aufbauenden Eskalationsdynamik beruhigt werden.

b) Der emotionale Typ

Ein Mensch, der diesem Aggressionstyp zugeordnet wird, steht permanent unter Strom und hat bisweilen keine andere Möglichkeit gefunden, mit dem Druck umzugehen. Entsprechend lässt er ihn unvorhergesehen ab. Während er selbst überall Provokationen empfindet, provoziert er selbst (typisches Beispiel ist das bewusste Anrempeln einer Person, um diese dann zu beschimpfen oder zu provozieren und nach Möglichkeit tätlich anzugehen). Eine solche Person ist verbal und damit meist emotional nicht mehr erreichbar, wenn er einmal „hochgefahren" ist

Typisches Verhalten:

- steht unter permanenter Anspannung
- provoziert/sucht nach Streit
- kann kommunikativ nicht erreicht werden

Umgang:

Möglichst bei einer Aggressionsentladung aus dem Weg gehen. Wenn man mit der Person in seinem eigenen Büro ist, rausgehen (beispielsweise unter dem Vorwand: „Ich gehe das kopieren", während man eine Mappe mitnimmt). Nicht dagegen anreden, das wird die Aggression in diesem Augenblick nur weiter steigern. Wenn die Person wieder ruhiger ist, kann man nochmal mit ihr den problematischen Punkt besprechen.

c) Der instrumentelle Typ

Es gibt Menschen, die suchen und benötigen die Aufmerksamkeit ihres Umfeldes. Um diese zu bekommen, neigen sie zuweilen zu einem unangepassten, aggressiven Verhalten in der Öffentlichkeit, die sie so zum Publikum machen. Diese Personen wollen auffallen und greifen dazu auch zu aggressiven Verhaltensweisen, um die Menschen dazu zu zwingen, sie wahrzunehmen.

Typisches Verhalten:

- Schimpft laut auf andere Personen, beispielsweise im Wartebereich, wo mehrere Menschen zuhören.
- Rempelt gerne andere Personen an, bzw. beschimpft sie grundlos, um deren Aufmerksamkeit und die umstehender Personen zu bekommen.
- Wünscht sich Beifall (z.B., dass jemand über seine Aktionen lacht oder vielleicht sogar applaudiert).

Umgang:

Nicht durch die Person beeindrucken lassen und sie mit klaren Worten in ihre Schranken verweisen, wenn sie ihre persönliche Grenze überschreitet. Zum Beispiel: „Solche Äußerungen wollen wir hier nicht haben!" Eigentlich wollen diese Personen Zustimmung bzw. den Mitmenschen gefallen. Entsprechend steigt die Chance auf eine Wiederholung oder Steigerung, wenn das Verhalten umstehender Personen für sie bestätigend wirkt.

Gewalt kann sowohl physisch als auch psychisch erfolgen. Unter physischer Gewalteinwirkung fallen Schläge, Tritte, Einwirkungen mit Waffen, Werkzeugen und Gegenständen.

Menschen mit einem Aggressionsproblem können schlecht mit negativen Ereignissen umgehen und werden häufig aufgrund selbst nichtiger Anlässe wütend. Entsprechend reagieren sie bei für sie nachteiligen Auskünften entsprechend aufgebracht. Zudem beziehen sie regelmäßig alles auf ihre Person und werten jegliches Verhalten und Handeln als Angriff. Je nachdem, wie schwach ausgeprägt die Impulskontrolle ist, werden sie im Tonfall, gegen Gegenstände oder eben Lebewesen aggressiv.

Zur Einschätzung der Intensität und Richtung auftretender Aggressionen kann nachfolgende Ebenen-Skala verwendet werden:

- **Nullniveau:** Das völlige Fehlen aggressiver Aktionen, auch wenn dies notwendig ist, wie beispielsweise zur Selbstverteidigung, bezeichnet man als *subnormale Aggression.*
- **Erste Ebene – Normale Aggression**: - die Abwesenheit von Aggression in vertrauten und sicheren Situationen und der angemessene Einsatz von Aggressionen in bedrohlichen Situationen, in denen die Selbstverteidigung gefordert ist. Aggression findet sich in einer gesunden Aktivität und im Streben nach Erfolg. Diese Ebene der Aggressivität ist durch mangelnde Destruktivität gekennzeichnet und ist daher nicht als negativ, sondern normal zu betrachten.
- **Zweite Ebene – Moderate defensive Aggression**: Ein moderates Auftreten von aggressivem Verhalten in vertrauten Situationen (beispielsweise aufgrund einer empfundenen, aber imaginären Bedrohung durch Menschen in der Nähe). Gleichzeitig ist der Einsatz von Aggression in kritischen Situationen ungenügend. Insgesamt besteht ein geringes Maß an Destruktivität, dies allerdings auch in einer selbstzerstörerischen Form.
- **Dritte Ebene – Hypertrophierte Aggression:** Aggressives Verhalten findet häufig und in ausgeprägter Form statt. Aggressive Reaktionen erfolgen bereits aus einem nichtigen Anlass. Der Zerstörungsgrad ist entsprechend ausgeprägt und geht mit einer Gefährdung für andere Personen einher.
- **Vierte Ebene – brutale Aggression**: Diese Ebene kennzeichnet übermäßig häufige und/oder übermäßig starke aggressive Reaktionen, begleitet von der Zerstörung von Gegenständen oder Gewalt gegen andere Personen. Das Verhalten ist der Situation dabei nicht angemessen und stellt eine große Gefahr für das Leben anderer oder für die Person selbst dar.

Problematisch ist eine aggressive Entwicklung von Menschen, die in zielgerichtete Gewalt mit hohem Schaden münden kann. Häufig wird ihre Motivation auf empfundenen Hass zurückgeführt.

Hass:

Hass ist einer der intensivsten und komplexesten aggressiven Affekte, die lebhafteste und sozial gefährlichste Manifestation der Intoleranz des Individuums. Das wichtigste Ziel einer vom Hass ergriffenen Person ist es, das Objekt der Aggression zu zerstören. (Natürlich kann Hass auch eine normale Reaktion der Wut sein, die darauf abzielt, eine ernsthafte Gefahr auszuschalten.) Unter bestimmten Umständen können Hass und Rachsucht unzureichend zunehmen. Wenn sie zu einer stabilen charakterologischen Haltung werden, können wir über das Erreichen eines Niveaus der Psychopathologie des Charakters sprechen. Hass kann sich auch in einem leidenschaftlichen Wunsch äußern, Macht zu besitzen, zu dominieren oder sich zu unterwerfen oder zu demütigen. Bei strengeren Formen manifestieren sich sadistische Tendenzen – der Wunsch, Ihr Objekt mit Vergnügen leiden zu lassen. Der extreme Grad drückt sich im Verlangen nach Zerstörung (Mord) oder in der radikalen Abwertung alles und aller aus. Hass kann auch zum Selbstmord führen, wenn sich das Ich mit dem verhassten Gegenstand identifiziert und Selbstzerstörung der einzige Weg ist, ihn zu beseitigen.

Erich Fromm unterscheidet zwischen *reaktivem Hass* (als Reaktion auf eine empfundene Kränkung durch eine Person, die an sich zur positiven Einstellung fähig ist) und *charakterbedingtem Hass,* welcher zwar auch als Reaktion entsteht, jedoch auf die feindselige Persönlichkeitsstruktur einer Person zurückzuführen ist.[56] Solche Menschen finden im Ausleben ihres Hasses noch Befriedigung.

Vor einigen Jahren wurde die Forderung laut, **Hasskriminalität** (*Hatecrime*) gesondert in den Verfassungsschutzberichten auszuweisen. Das stellte zunächst den Gesetzgeber vor ein Problem, da Hasskriminalität und auch Hass an sich keine Legaldefinition besitzen.[57] Kriminologisch werden Hassverbrechen nach Würdigung der Tatumstände und der Einstellung des Täters dann als solche beurteilt, wenn die Tathandlung mit einem oder mehreren dieser Merkmale in einem kausalen Zusammenhang steht. Auch Delikte, die der Allgemeinkriminalität zugeordnet werden (Tötungs- und Kör-

56 Fromm 2003, S. 91.

57 Hass als rechtlich definiertes Element einer Straftat findet sich allerdings in § 130 StGB, Volkverhetzung, vgl. § 130 Nr. 1 Abs. 1: „Wer in einer Weise, die dazu geeignet ist, den öffentlichen Frieden zu stören, zum Hass gegen Teile der Bevölkerung aufstachelt oder zu Gewalt- oder Willkürmaßnahmen gegen sie auffordert (…)“. Demnach ist der Aufruf zu Hasstaten explizit strafrechtlich zu ahnden, vgl. Dienstbühl/Abou-Taam, in: Kriminalpolizei 9/2012, S. 5 f.

perverletzungsdelikte, Brandstiftungen, Widerstandsdelikte und Sachbeschädigungen), können Hasstaten sein, wenn die Würdigung der gesamten Umstände von Tat und Einstellung des Täters/der Täter Anhaltspunkte für eine politische Motivation geben. Unter diesem Aspekt werden vor allem Gewalttaten analysiert und beim Vorliegen entsprechender Zusammenhänge als politisch motivierte Tat eingeordnet.[58]

2. Warnverhalten-Typologie

Eine Betrachtung vergangener schwerer Gewaltdelikte im öffentlichen Raum, wie Amokläufe oder andere zielgerichtete Tötungsdelikte, haben gezeigt, dass die Täter vor den Taten häufig Verhaltensweisen offenbart haben, die auf eine Gewalteskalation hindeuteten. *Guldimann*, *Hoffmann* und *Meloy* haben 2013 in diesem Kontext eine Typologie von Warnverhalten erstellt.[59] Diese ist allerdings nicht als kategorisches Stufenmodell zu verstehen. Die Typologie kann allerdings bei der Einordnung von Warnverhalten behilflich sein. Die Unterteilungen in acht Verhaltensmuster werden nachfolgend kurz dargestellt.

58 Dies ist einleuchtend, in der Umsetzung zur statistischen Erfassung jedoch schwierig, da Abgrenzungsschwierigkeiten bezüglich der Definitionskriterien existieren. Insbesondere Ländervergleiche sind hinsichtlich ihrer quantitativen Aussagen über die Entwicklung von Hasskriminalität schwer durchführbar, da Hasskriminalität nicht einheitlich definiert und ausgewiesen in den jeweiligen Kriminalstatistiken geführt wird. Die OECD sammelt in ihrem Bericht über Hasskriminalität zwar die nach Vorgabe der jeweiligen Länder registrierten Straftaten, dies jedoch ohne die notwendige Kommentierung bezüglich der Erhebungs- und Zählfaktoren. Insgesamt bestehen in Europa noch erhebliche empirische Erkenntnisdefizite auf diesem Gebiet, wodurch kriminalistische, kriminalpolitische und strafrechtliche Bedenken gegenüber der Klassifikationsmethode und der justiziablen Verfolgung von Hasskriminalität hervorgerufen werden, vgl. Dienstbühl 2019, S. 62 f.

59 Ausführlich in: Hoffmann/Roshdi/Rohr (Hrsg.) 2013, S. 115 ff.

Bezeichnung	Charakteristika	Einschätzung
Pathway warning behavior Weg zur Gewalt	Intensive Beschäftigung und Recherchen, Planung und Vorbereitung einer Tat.	Je konkreter die Planung, desto ernster ist sie zu nehmen.
Fixation warning behavior Fixierung	Fixierte/pathologische Beschäftigung mit einer Person oder einem Sachverhalt, negative Emotionalität.	Einbußen sozialer Kontakte, Rückzug; Person kann nicht mehr mit logischen Argumenten erreicht werden.
Indification warning behavior Identifizierung	Aneignen einer Kriegermentalität, Beschäftigung mit erfolgreichen Attentätern, Person betrachtet sich selbst in wichtiger Mission.	Prozess der Identifizierung; diese kann auch „scheitern", weil Vorbilder nicht greifen.
Novel aggression warning behavior Neue Form der Gewalt	Formen von Aggressionsausübungen, die nicht gegen eine Person gerichtet sein müssen, beispielsweise Schießübungen.	Gewaltverhalten ist als Testlauf/als Probe und somit Teil der Vorbereitung für eine schwere Gewalttat zu verstehen.
Energy burst warning behavior Energieschub	Zunahme an Häufigkeit oder Intensität von Warnverhalten.	Entsprechend Energieschübe treten wenige Wochen/Tage vor der Gewalttat auf.
Leakage warning behavior Einweihung Dritter	Mittelungsbedürfnis über die Tat, ggf. anonym im Internet. Person möchte Hintergründe darlegen und sich/bzw. die Tat erklären.	Empfänger/Zeugen entsprechender Mitteilungen sollten die Inhalte unbedingt ernst nehmen und die Polizei verständigen.
Last resort warning behavior Letzter Ausweg	Verzweiflung lässt nur die Gewalttat als letzten Ausweg zu; alle anderen Alternativen greifen nicht mehr; Person sieht sein Handeln daher für gerechtfertigt.	Die empfundene Verzweiflung kann zudem den Hang zum Suizid begünstigen (siehe Kapitel VII Umgang mit suizidalen Personen).
Directly communicated warning behavior Direkte Drohung	Direkte Drohung gegenüber Zielperson(en) oder entsprechende Bezugspersonen.	Zum Umgang mit Drohungen siehe Kapitel XIX., S. 156.

Tabelle: Eigene Darstellung nach Hoffmann/Roshdi/Rohr (Hrsg.) 2013, S. 115 ff.

3. Bedrohungsmanagement

Nachfolgend sollen einige Strategien zum Umgang mit aggressiven Personen nach Art des aggressiven Auftretens (Einzelpersonen/Gruppe, Aggressionen unter Nutzung von Waffen) behandelt werden:

a) Umgang mit einer einzelnen aggressiven Person

Wenn Menschen aufgebracht und wütend sind, handeln sie irrational. Entsprechend wichtig ist es, dass möglichst besonnen, ruhig und sachlich auf beleidigendes Verhalten und auch Beschimpfungen reagiert wird, um deeskalierend zu wirken. Dies dient dem Selbstschutz und der Kontrolle der Situation. Die Gesprächsführung sollte eine konstruktive Vertrauensbasis erreichen und der Problemlage der Kundin/des Kunden durch Offenheit, Toleranz und Geduld begegnen.

Sollte dies im Einzelfall dennoch nicht möglich sein, ist die zuständige Führungskraft diesem Gespräch hinzuzuziehen bzw. über den Stillen Alarm am PC zu alarmieren, wenn ein solcher vorhanden ist.

Über dieses Gespräch ist ein Vermerk zu fertigen und – soweit der Vorgesetzte nicht bereits einbezogen war – diesem zuzuleiten. Der Gesprächsinhalt ist nach Möglichkeit wörtlich wiederzugeben und aktenkundig zu machen. Weitergehende Maßnahmen wie das Erteilen eines Hausverbots oder das Stellen einer Strafanzeige sind durch die Dienststelle zu prüfen.

In gleicher Weise ist zu verfahren, wenn eine Bedrohung außerhalb der dienstlichen Tätigkeit in Zusammenhang mit einer dienstlichen Tätigkeit stattfindet.

Bei Sachbeschädigung sind umgehend die zuständige Abteilung und die Vorgesetzten zu verständigen. Wird ein Beschäftigter von einer Person tätlich angegriffen, sollte er versuchen, den Raum sofort zu verlassen. Ist dies nicht möglich, soll er sich durch Betätigung des Alarmrufs über EDV oder durch laute Hilferufe bemerkbar machen. Dies gilt sinngemäß für Angriffe außerhalb des Zimmers.

Jeder Mitarbeiter muss darauf gefasst sein, trotz aller Vorkehrungen eine für ihn kritische Situation selbst bewältigen zu müssen. Dabei sollten insbesondere folgende Regeln beachtet werden:

- Den Aggressor möglichst ausreden, schimpfen, schreien lassen, ihn nicht unterbrechen, möglichst nicht eingreifen.
- In klarer, verständlicher Sprache reden. Ein zu schnelles Tempo und Fremdwörter vermeiden.

- Wenn Sie den Namen des Aggressors kennen, sprechen Sie ihn entsprechend an. Im Wutrausch mit Namen angesprochen zu werden, kann eine herausreißende und damit deeskalierende Wirkung haben.
- Ganz wichtig: Dem Aggressor einen Fluchtweg offenlassen, auf keinen Fall einen solchen durch in den Weg treten verstellen.
- Andere Möglichkeit: Selbst aus dem Raum hinausgehen. Lieber den Aggressor im Büro wüten lassen, als sich selbst weiterhin einer Gefahr auszusetzen.
- In Maßen Verständnis für Probleme des Gegenübers zeigen, wenn tatsächlich so empfunden wird, aber keine leeren Versprechungen und plumpe Vertröstungen geben.
- Abrupte Bewegungen oder bedrohliche Gesten vermeiden.
- Dem Gegenüber auf die Nasenwurzel blicken und nicht in die Augen starren.
- Hände immer sichtbar und ruhig halten, beispielsweise mit den Handflächen auf dem Tisch ablegen.
- Alle Handlungen ankündigen und plausibel machen.
- Alles unterlassen, was als Angriff, Drohung oder Trick wahrgenommen werden könnte.
- Wenn möglich, auf körperliche Distanz gehen, Barrieren nutzen (z. B. durch Servicetresen, Bürotisch, etc.).

Besteht die Möglichkeit, eine besonders aggressive Person bis zum Eintreffen der Polizei gewaltfrei festzuhalten oder einzuschließen (funktioniert allerdings nicht bei Panikschlössern), sollte dies geschehen. In der Regel wird der Täter jedoch versuchen, das Dienstgebäude auf schnellstem Wege zu verlassen. Daran sollte er nicht gehindert werden. Jeder Mitarbeiter, der Zeuge eines tätlichen Angriffs wird, sollte sofort die zuständige Führungskraft und die Ersthelfer benachrichtigen und das erreichbare Umfeld informieren. Wer Zeuge von tätlichen Auseinandersetzungen zwischen Unbekannten wird, sollte zunächst jemanden dazu holen, um nicht alleine einzugreifen, und eine weitere Person beauftragen, die Polizei zu verständigen. Sind mehrere Personen in Gewalthandlungen involviert (möglicherweise gegen einen Einzelnen), sind sie unverhältnismäßig brutal und/oder werden gefährliche Gegenstände/Waffen genutzt, ist umgehend der Notruf der Polizei (110) zu wählen. Den Anweisungen der Polizei ist Folge zu leisten.

b) Umgang mit einer aggressiven Gruppe

Tritt eine Personenmehrheit in einer behördlichen Einrichtung aggressiv auf, hat zunächst die Eigensicherung der Anwesenden Priorität und erst an zweiter Stelle das Wiederherstellen der Hausmacht.

- Verhält sich die Gruppe verbal gewalttätig und droht sie oder greift sie Beschäftigte bzw. das Inventar an? Verständigen Sie umgehend den Sicherheitsdienst (sofern vorhanden), die Polizei und versuchen Sie nicht, sich der Gruppe in den Weg zu stellen. Alle Mitarbeiter sollten versuchen, den Angreifern aus dem Weg zu gehen und Hilfe zu alarmieren.
- Tritt die Gruppe als „wütender Mob“ in Erscheinung oder gibt es einen An- bzw. Wortführer, während der Rest eher eine Kulisse bildet? Sollte letzteres der Fall sein, versuchen Sie mit ihm in den Dialog zu treten und nach der Bedingung zur Beendigung der Aggressivität zu fragen (Hinweise s. o.).

Wenn sich eine oder mehrere Personen in einem Zustand der Zerstörungswut befinden und den Gewaltexzess an Gegenständen auslassen, gehen Sie nicht dazwischen. Bringen Sie sich und andere Menschen um Sie herum in Sicherheit und alarmieren Sie die Polizei. Wenn es eine Möglichkeit gibt, können Sie den Aggressor einsperren.

c) Aggressionen mit Verwendung gefährlicher Gegenstände und Waffen

Das **Zeigen von Waffen** ist in erster Linie eine Drohung. Sie signalisiert nonverbal, was eintreten kann bzw. wird, wenn der Beschäftigte dem oder den Aggressoren nicht Folge leistet.

Angriffe mit Waffen sind stets das **worst-case-Szenario.** Es macht an dieser Stelle keinen Sinn, Vorschläge oder Beschreibungen zur Entwaffnung eines Gewalttäters mit Messer niederzuschreiben. In der Situation eines Angriffes verfallen die Menschen binnen Bruchteilen von Sekunden in die vorne in den Grundlagen geschilderten Reaktionsmuster (Flucht, Angriff oder Starre), insbesondere dann, wenn man sich mit derartigen Situationen auseinandergesetzt hat. Den Umgang mit bewaffneten Aggressoren kann man in Rollenspielen üben, hierzu bedarf es jedoch einer professionellen Schulung.

d) Umgang mit Beleidigungen

Nicht-physische Gewalt kann in Form von Beleidigungen und Drohungen (mehr dazu in Kapitel XIX.) erfolgen. Auch diesen sollte begegnet werden, denn kein Mitarbeiter muss sich Beleidigungen am Arbeitsplatz gefallen lassen. Je nach Schwere kann zudem eine Strafanzeige in Erwägung gezogen werden.

Straftaten gegen die Ehre (§ 185–187 StGB)

Beleidigung gem. § 185 StGB

Die Beleidigung wird mit Freiheitsstrafe bis zu einem Jahr oder mit Geldstrafe und, wenn die Beleidigung mittels einer Tätlichkeit begangen wird, mit Freiheitsstrafe bis zu zwei Jahren oder mit Geldstrafe bestraft.

Üble Nachrede gem. § 186 StGB

Wer in Beziehung auf einen anderen eine Tatsache behauptet oder verbreitet, welche denselben verächtlich zu machen oder in der öffentlichen Meinung herabzuwürdigen geeignet ist, wird, wenn nicht diese Tatsache erweislich wahr ist, mit Freiheitsstrafe bis zu einem Jahr oder mit Geldstrafe und, wenn die Tat öffentlich oder durch Verbreiten von Schriften (§ 11 Abs. 3) begangen ist, mit Freiheitsstrafe bis zu zwei Jahren oder mit Geldstrafe bestraft.

Verleumdung gem. § 187 StGB

Wer wider besseres Wissen in Beziehung auf einen anderen eine unwahre Tatsache behauptet oder verbreitet, welche denselben verächtlich zu machen oder in der öffentlichen Meinung herabzuwürdigen oder dessen Kredit zu gefährden geeignet ist, wird mit Freiheitsstrafe bis zu zwei Jahren oder mit Geldstrafe und, wenn die Tat öffentlich, in einer Versammlung oder durch Verbreiten von Schriften (§ 11 Abs. 3) begangen ist, mit Freiheitsstrafe bis zu fünf Jahren oder mit Geldstrafe bestraft.

Beispiel:

Ein Antragssteller beschwert sich über eine negative Entscheidung und auch über das Verhalten der Mitarbeiterin G. in einem Großraumbüro. Dabei greift er sie verbal persönlich an und beleidigt sie lautstark. Unbeteiligte Personen (Bürger und andere Antragsteller) bekommen den Übergriff mit.

Auch bei nicht-physischer Gewalt müssen Grenzen gezogen werden. Zum einen schaden auch Beleidigungen dem Wohlergehen der Beschäftigten und zum anderen sollte der Aggressor nicht durch hinnehmen in seinem Tun bestärkt werden.

Wichtig ist die Achtsamkeit der Mitarbeiter untereinander. Doch häufig besteht eine große Unsicherheit, wie man sich in der konkreten Situation verhalten kann und was auch rechtlich zulässig ist, sollte man sich genötigt fühlen, einzugreifen und dazwischenzugehen.

Notwehr, Nothilfe und Notstand

Sich selbst oder Kollegen zu verteidigen und dabei seinerseits Gewalt anzuwenden, ist rechtlich im Strafgesetzbuch geregelt:

§ 32 StGB Notwehr

(1) Wer eine Tat begeht, die durch Notwehr geboten ist, handelt nicht rechtswidrig.

(2) Notwehr ist die Verteidigung, die erforderlich ist, um einen gegenwärtigen rechtswidrigen Angriff von sich oder einem anderen abzuwenden.

Eine Notwehrlage hat folgende Voraussetzungen:

1. Angriff durch einen Menschen: Angriff ist jede durch menschliches Verhalten drohende Verletzung rechtlich geschützter Güter oder Interessen.
2. Gegenwärtigkeit des Angriffs: Der Angriff ist gegenwärtig, wenn er unmittelbar bevorsteht, bereits begonnen hat oder noch fortdauert.
3. Rechtswidrigkeit des Angriffes: Rechtswidrig ist der gegenwärtige Angriff dann, wenn er gegen die Rechtsordnung verstößt und der Angreifer selbst nicht gerechtfertigt ist, der Angegriffene somit keine Pflicht zur Duldung hat.
4. Angriff gegen ein notwehrfähiges Gut: Ein notwehrfähiges Gut ist jedes rechtlich geschützte Interesse des Angegriffenen oder eines Dritten, z. B. Individualrechtsgüter wie Leben, Gesundheit, Freiheit, Eigentum, Besitz.

§ 34 Rechtfertigender Notstand

Wer in einer gegenwärtigen, nicht anders abwendbaren Gefahr für Leben, Leib, Freiheit, Ehre, Eigentum oder ein anderes Rechtsgut eine Tat begeht, um die Gefahr von sich oder einem anderen abzuwenden, handelt nicht rechtswidrig, wenn bei Abwägung der widerstreitenden Interessen, namentlich der betroffenen Rechtsgüter und des Grades der ihnen drohenden Gefahren, das geschützte Interesse das beeinträchtigte wesentlich überwiegt. Dies gilt jedoch nur, soweit die Tat ein angemessenes Mittel ist, die Gefahr abzuwenden.

Beleidigungen sind dabei alle erdenklichen Schimpfwörter, aber auch bereits das unangemessene Duzen gegen Willen einer Person oder das Tippen an den Kopf, somit sind auch Symboliken, Bilder oder Gesten strafbar. Die Beleidigung muss allerdings nachprüfbar und verständlich sein, d.h. wenn der Tonfall zwar darauf schließen lässt, dass sich eine Person in beleidigender Weise äußert, die Sprache jedoch nicht verstanden wird, dann liegt keine Beleidigung im strafrechtlichen Sinne vor.

Die **üble Nachrede** bezeichnet ehrverletzende Tatsachenbehauptung gegenüber Dritten, wie beispielsweise, wenn ein Antragssteller behauptet, ein Mitarbeiter habe seine Unterlagen absichtlich manipuliert, um einen Ablehnung herbeizuführen, sei korrupt oder habe eine unangemessene, rechtswidrige Geldleistung oder ähnliches vom Antragsteller gefordert. Dabei muss der Täter selbst nicht wissen, dass seine Behauptung unwahr ist, jedoch muss er die Ehrverletzung des Mitarbeiters billigend in Kauf nehmen.

Auch bei der **Verleumdung** handelt es sich um eine unwahre Tatsachenbehauptung gegenüber Dritten. Der Unterschied zur üblen Nachrede liegt hier im sicheren Wissen der Unwahrheit der Tatsachenbehauptung. Somit ist hier das Wissen um die Unwahrheit Teil des Tatbestandmerkmals, während die Kenntnis über Unwahrheit bei der üblen Nachrede nicht vorliegen muss.

4. Verarbeitung der Erlebnisse

Egal, ob es sich um einen Angriff oder einen Wutausbruch mit Beleidigungen gehandelt hat, im Team sollten die Beschäftigten sich auch im Nachgang dazu austauschen. Die Führungskräfte sind zudem angehalten, das Befinden des angegriffenen Mitarbeiters im Blick zu halten und nachzufragen, wie es demjenigen damit geht. Auch sollte bedarfsorientierte Hilfe angeboten werden (Gespräch mit psychologischer Beratung, Coaching oder Aufarbeitung für das Team im Rahmen einer Schulung oder Gruppensupervision, etc.).

Je intensiver das gewalterleben war, desto mehr Raum sollte der Verarbeitungsprozess einnehmen. Führungskräfte sollten in diesem Kontext professionelle Hilfe für ihr Team hinzuziehen und erfragen, was konkret an Hilfestellung gebraucht wird. Noch immer verlagern zu viele Führungskräfte die Verarbeitung traumatischer Erlebnisse in das Privatleben des Mitarbeiters und überlassen diese damit sich selbst. Ist das Erleben jedoch im Zuge der Arbeit geschehen, steht hier auch der Arbeitgeber und damit stellvertretend die zuständige Führungskraft in der Verpflichtung.

Kommt es sogar zum Verlust eines Mitarbeiters durch Gewalt am Arbeitsplatz, ist die gemeinsame Trauerarbeit ein nötiger Prozess, um den Arbeitsfrieden wiederherzustellen. Dieser sollte unbedingt professionell begleitet werden. In diesem Zusammenhang ist es wichtig, dass die Trauer einen Ort bekommt.[60]

5. Zusammenfassung

- Aggressionen können je nach Situation und Aggressionstyp unterschiedlich intensiv ausfallen.
- Generell gilt Eigensicherung vor Abwendung eines Sachschadens.
- Wird aus Aggression eine gewalttätige Handlung, ist es wichtig, diese entsprechend aufzuarbeiten. Gerade die nicht-polizeiliche Verwaltung kennt Gewalttätigkeiten nicht als gängiges Phänomen im Berufsalltag und sollte deswegen nicht einfach darüber hinweggehen.
- Kann die Situation nicht eingeschätzt werden, sollten Sie unbedingt die Polizei rufen, die Einsatzzentrale entscheidet das weitere Vorgehen.
- Wurde man während der Arbeit Opfer von außergewöhnlicher Gewalt durch aggressive Personen, sollte diese unbedingt aufgearbeitet werden.

60 In der Hochschule Darmstadt wurde nach der Ermordung der Studentin Büsra G. im Jahr 2009 auf dem Campus gemeinsam getrauert und schließlich ein Baum gepflanzt, der an sie erinnert und mit dem der Verlust der jungen Frau einen Ort bekommen hat.

V. Umgang mit Menschen mit Persönlichkeitsstörungen

Im behördlichen Alltag hat man immer wieder mit Personen zu tun, die Verhaltensauffälligkeiten zeigen. Nun bedeutet das nicht, dass es sich tatsächlich um eine psychische Störung handelt.[61] Wenn bei Personen psychische Störungen diagnostiziert wurden, bedeutet das wiederum nicht, dass sie besonders gefährlich sind, noch, dass sie anders behandelt werden wollen. Auch ist es nicht Aufgabe von Ansprechpartnern in den unterschiedlichen Behörden, eine Diagnose zu stellen. Jedoch ist es ein völlig berechtigter Wunsch, mit den Personen, mit denen man beruflichen Umgang pflegt, und sei dies nur in zeitlichen Abständen und für maximal 30 Minuten, dass man diese einschätzen kann und sich somit sicherer im Umgang fühlt. Während einige Menschen mit ihren Erkrankungen sehr offen umgehen, tun das andere nicht, bzw. können das auch gar nicht, weil sie nicht wissen, dass sie krank sind.

> Eine **Diagnose** nach ICD-10[62] oder DSM-V[63] erfolgt nach den übergeordneten Leitkriterien, nach der mindestens vier grundlegende Voraussetzungen zur Vergabe einer Diagnose vorausgesetzt werden sollten:[64]
>
> a) Praktische Gefährdung
>   - Wenn die Persönlichkeit(sstörung) einen Risikofaktor für die Entwicklung/Exazerbation[65] für (anderweitige) psychische Störungen darstellt (z. B. Suizidalität); und/oder
>   - wenn sie als Folge einer noch nicht diagnostizierten, ernsthaften psychischen Erkrankung anzusehen ist (Aufklärungspflicht des Diagnostikers); und/oder

61 Hier ist zu unterscheiden zwischen Persönlichkeitsstilen und Persönlichkeitsstörung. Ein auffälliger Persönlichkeitsstil bedeutet nicht zwangsläufig eine psychische Erkrankung. Zum Zweck der Selbstbeurteilung existieren verschiedene Inventare, wie beispielsweise das Persönlichkeits-Stil- und Störungs-Inventar (PSSI) oder das Freiburger Persönlichkeitsinventar (FPI-R), vgl. Fiedler/Herpertz2016, S. 145.

62 Die *International Statistical Classification of Diseases and Related Health Problems* ist das wichtigste, weltweit anerkannte Klassifikationssystem für medizinische Diagnosen, das von der Weltgesundheitsorganisation (WHO) herausgegeben wird. Die aktuelle, international gültige Ausgabe ist ICD-10; ab 2022 gilt die ICD-11.

63 Oder DSM 5 (Diagnostic and Statistical Manual IV), ist das Klassifikationssystem für psychische Störungen der American Psychiatric Association (APA).

64 Nach Fiedler/Herpertz 2016, S. 42.

65 Steigerung oder Verschlimmerung.

b) Latente Gefährdung
   - wenn die Fähigkeiten zur ausreichenden Befriedigung existenzieller Bedürfnisse des Betroffenen oder von ihm Abhängigen nicht mehr ausreichen; und/oder
   - wenn die Person durch ihre Persönlichkeitseigenarten derart eingeschränkt ist, dass ein Zusammenleben mit anderen Menschen nach allgemeingültigen Regeln nicht mehr möglich ist.

1. Allgemeines zu Persönlichkeitsstörungen

Die Persönlichkeit eines Menschen ist ein komplexes Konstrukt, das zwar relativ konstante Merkmale aufweist, jedoch bis zu einem bestimmten Grad auch veränderbar ist. Persönlichkeitsstörungen sind stets durch Schwierigkeiten im zwischenmenschlichen Bereich gekennzeichnet und damit nicht das alleinige Problem der Betroffenen. Wie viele Menschen im Laufe ihres Lebens an einer Persönlichkeitsstörung erkranken ist nicht hinreichend belegt. In Deutschland sind jährlich etwa 10 % der Bevölkerung betroffen, Männer und Frauen gleichermaßen, wenn auch nach Krankheitsbild unterschiedlich stark verteilt.

Betroffene leiden häufig nicht nur an einer Persönlichkeitsstörung, sondern an weiteren psychischen Erkrankungen. So findet sich beispielweise bei Menschen mit einer Psychose aus dem schizophrenen Formenkreis in 50 % der Fälle auch eine Persönlichkeitsstörung und etwa die Hälfte der Menschen mit einer Diagnose aus dem schizophrenen Formenkreis haben zusätzlich eine Persönlichkeitsstörung. Auch Erkrankungen wie Depressionen, Angststörungen, Suchterkrankungen und Essstörungen treten häufig im Zusammenhang mit einer Persönlichkeitsstörung auf.

Die Wahrscheinlichkeit, im beruflichen Kontext auf persönlichkeitsgestörte Personen zu treffen und mit ihnen arbeiten zu müssen, ist somit sehr hoch. Für einen adäquaten Umgang mit betroffenen Personen ist es daher hilfreich, die Krankheitsbilder zu erkennen und zu verstehen. Nicht zuletzt, um sich selbst zu schützen. Ob eine psychische Erkrankung zu einem erhöhten Aggressionsverhalten führt, hängt von der jeweiligen Krankheit, dem Verlauf und der Persönlichkeit ab. Allerdings werden Menschen mit Persönlichkeitsstörungen häufiger Opfer von Gewalt.[66]

66 Vgl. Meltzer 2018, S. 105.

Entstehung von Persönlichkeitsstörungen
Persönlichkeitsstörungen habe keine isolierte Ursache, sondern entstehen auf Grund multipler Faktoren. Psychosoziale Faktoren, wie z. Bsp. fehlender sozialer Rückhalt, ungünstige Bindungsstile der Eltern, traumatische Erlebnisse, etc..., spielen bei der Entstehung eine entscheidende Rolle. Daneben können bei einigen Formen der Persönlichkeitsstörungen, insbesondere bei den dissozialen, auch genetische und somatische Ursachen zu deren Entstehung beitragen.

Die jeweilige Persönlichkeitsstörung wurde durch die betroffene Person als Verhalten in einer schwierigen Situation entwickelt und hat sich zunächst bewährt und wird nun fortwährend beibehalten, auch wenn sie nicht mehr sinnvoll ist. Eine Verhaltensänderung ist für die betroffene Person nicht ohne weiteres möglich, da die Störung als „zu sich selbst gehörend" (ich-synton)[67] empfunden wird. Nachfolgend werden einige Persönlichkeitsstörungen vorgestellt und Charakteristika erläutert.

2. Ausgewählte Persönlichkeitsstörungen

Persönlichkeitsstörungen existieren in einer schier unendlichen Anzahl und sind darüber hinaus komplex und notwendigerweise in ihrer Art der Ausprägung völlig individuell zu betrachten. Entsprechend können wir nur einen groben Überblick bieten, der in erster Linie zur Orientierung und Information dienen soll. Dieser soll Ihnen Hintergründe erklären, er stellt jedoch keine differenzierte Psychodiagnostik dar. Nachfolgend werden häufige Persönlichkeitsstörungen dargestellt; diese lassen sich in drei Hauptgruppen[68] unterteilen:

Die erste Hauptgruppe umfasst die paranoiden und schizoiden Persönlichkeitsstörungen. Diese Persönlichkeitsstörungen lassen sich unter den Stichworten „sonderbar, exzentrisch" zusammenfassen.

67 Die ich-Syntonie beschreibt somit auch ein Gefühl, dass alle Gedanken, Impulse, Gefühlregungen, etc. von einem selbst ausgehen. Es bedeutet aber auch, dass das eigene Verhalten selbst nicht als abweichend oder normverletzend empfunden wird, selbst dann, wenn es von anderen Personen entsprechend betrachtet wird. Das Gegenteil davon ist die Ich-Dystonie, die regelmäßig deutlich mehr Leidensdruck erzeugt, da alles Erleben und Empfinden auf äußere Einflüsse zurückgeführt und deshalb häufig als fremd und negativ erlebt wird.

68 Die Unterteilung wurde hier übernommen von den Berufsverbänden und Fachgesellschaften für Psychiatrie, Kinder- und Jugendpsychiatrie, Psychotherapie, Psychosomatik, Nervenheilkunde und Neurologie aus Deutschland und der Schweiz (Hrsg.), ohne Datumsangabe.

Die zweite Hauptgruppe fasst mit den Merkmalen „dramatisch, emotional, launisch“ zusammen. Hier finden sich die histrionische, narzisstische, dissoziale und die Borderline-Persönlichkeitsstörung.

In der dritten Hauptgruppe finden sich die Persönlichkeitsstörungen, die Verhaltensmerkmale aus dem Bereich der Angststörungen aufweisen. Merkmale dieser Persönlichkeitsstörungen sind „selbstunsichere, abhängige und zwanghafte“ Verhaltensweisen.

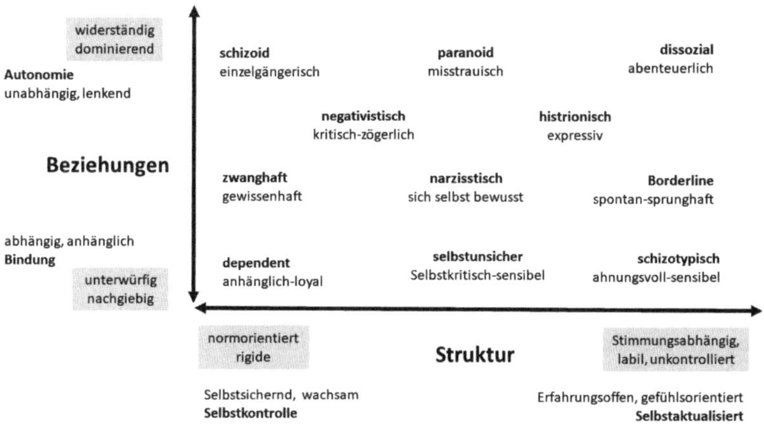

Abb.V.1

a) Hauptgruppe 1

Paranoide Persönlichkeitsstörung[69]

Generell tritt eine paranoide Persönlichkeitsstörung selten auf, sie betrifft 1 % der Bevölkerung. Betroffene sind regelmäßig misstrauisch, abwartend und stets darauf gefasst, zu jeder Zeit von anderen Menschen angegriffen oder verletzt werden zu können. Entsprechend reagieren sie auf Kritik überempfindlich und zeigen übertriebene und unangemessene Reaktionen in Konflikten oder an sich sachlichen Auseinandersetzungen. Generell hegen sie eine Art des ständigen Grolls.[70] Fühlen sie sich benachteiligt oder angegriffen, gehen paranoide Persönlichkeiten zum Gegenangriff über.

69 Paranoia ist eine vielschichtige Bezeichnung, die sich im Laufe der Zeit in ihrer Bedeutung mehrfach gewandelt hat, vgl. Arolt/Dilling, Reimer 2003, S. 143.

70 Vgl. Fiedler/Herpertz 2016, S. 422.

Gleichzeitig sind diese Menschen scharfsinnig und sie können Situationen gut analysieren.[71] Entsprechend finden sie sich nicht selten in juristischen oder politischen Berufen. Die paranoide Persönlichkeitsstörung muss von wahnhaften Störungen mit Verfolgungswahn (Halluzinieren, etc.)[72] abgegrenzt werden.[73]

Schizoide Persönlichkeitsstörung

Die schizoide Persönlichkeitsstörung tritt mit ebenfalls etwa 1 % der Allgemeinbevölkerung auch eher selten auf. Sie ist zwingend von der Schizophrenie abzugrenzen, die keine Persönlichkeitsstörung ist, sondern eine endogene Psychose.[74] Schizoide Persönlichkeiten wirken distanziert, gleichgültig, gefühlsarm oder desinteressiert an anderen. Sie leben zurückgezogen und haben wenige Kontakte zu anderen Menschen. Sie sind typische Einzelgänger, die jedoch nicht unter ihrer Kontaktarmut leiden, sie bevorzugen schlichtweg das Leben in sozialer Islolation.[75] Sie suchen den Abstand, auch räumlich, zu ihren Mitmenschen. Auf Umgebungsreize reagieren sie wenig emotional. Zur Belastung wird die schizoide Persönlichkeitsstörung für die Betroffenen erst, wenn die Beziehung zu einem Partner unter der Distanziertheit und geringen Emotionalität leidet. Eine Therapie machen die Betroffenen nur dann, wenn die Störung nur relativ leicht ausgeprägt ist. In schwerer Ausprägung besteht kein Wunsch nach einer partnerschaftlichen Beziehung. Daher ist die Verwechslungsgefahr mit autistischen Störungen sehr hoch.

Schizotypische Persönlichkeitsstörung (STP)

Von der schizoiden Persönlichkeit muss die schizotypische abgegrenzt werden. Diese ist gekennzeichnet von einer verzehrten Wahrnehmung im Denken und (Alltags-)Erleben. Die Betroffenen fallen durch ein tiefgreifendes Verhaltensdefizit im zwischenmenschlichen und psychosozialen Bereich auf. Sie sind nicht in der Lage, über einen Sachverhalt rational nachzudenken.[76] Aufgrund eines ständigen Unbehagens und Misstrauens gegenüber

---

71 Vgl. Fiedler/Herpertz 2016, S. 44.

72 Wie beispielweise bei der wahnhaften Schizophrenie.

73 Vgl. Fiedler/Herpertz 2016, S. 423.

74 Also eine Störung, die aufgrund der inneren Konstitution verursacht wird, nicht aufgrund äußerer Einflüsse im gesellschaftlichen Miteinander.

75 Vgl. Fiedler/Herpertz 2016, S. 44.

76 So werden Emotionen und Absichten in der Agitation anderer Menschen interpretiert, die diese selbst gar nicht empfinden, vgl. Fiedler/Herpertz 2016, S. 45 f.

anderen Menschen sind sie sehr unsicher. Sie fühlen sich in Gesellschaft unwohl, meiden sie und besitzen daher eine ausgeprägte persönliche Kontakthemmung.[77] Diese Persönlichkeitsstörung ist im Verhältnis zu anderen Persönlichkeitsstörungen wenig erforscht. Dies dürfte auch am geringen Verbreitungsgrad liegen: Man geht von 0,5–3 % Betroffener in der Bevölkerung aus, einige Fachautoren schätzen, dass diese Störung, vor allem in ihrer hochgradigen Ausprägung, sogar nur bei 0,05–0,1 % der Bevölkerung vorkommt.

b) Hauptgruppe 2

Histrionische Persönlichkeitsstörung[78]

Die histrionische Persönlichkeitsstörung tritt mit einer Häufigkeit von etwa 2 % in der Allgemeinbevölkerung auf.[79] Betroffene Menschen sind stark auf äußere Zuwendung und Aufmerksamkeit angewiesen und suchen permanent die Anerkennung der Mitmenschen (sowohl im Bekanntenkreis als auch durch völlig fremde Personen). Insofern kennzeichnet sie ihr ausgeprägtes Kontaktbedürfnis,[80] gleichzeitig bleiben die Beziehungen oberflächlich.[81] Werden sie ignoriert oder fühlen sich nicht als etwas Besonderes wahrgenommen, können sie depressiv werden. Sie sind häufig extrovertiert, haben darstellerische Fähigkeiten, sind lebenslustig und können andere mitreißen. Obwohl diese Menschen oft einen großen Freundeskreis haben und in ihrem Leben viel passiert, kennen sie Phasen der Einsamkeit, Unzufriedenheit und inneren Leere mit nagenden Selbstzweifeln. Sobald sie nicht im Mittelpunkt stehen, entstehen Frustrationsempfindungen, weshalb sie erneut provokativ und offensiv auftreten, zum Teil auch Mittel der Lüge ergreifen.[82] Häufig zeigen diese Personen ein erhöhtes Risikoverhalten, da sie unsensibel auf Strafreize reagieren.[83]

77 Vgl. Arolt/Dilling/Reimer 2003, S. 173.

78 Veraltet wird diese auch noch als Hysterische Persönlichkeitsstörung bezeichnet.

79 Vgl. Berufsverbände und Fachgesellschaften für Psychiatrie, Kinder- und Jugendpsychiatrie, Psychotherapie, Psychosomatik, Nervenheilkunde und Neurologie aus Deutschland und der Schweiz (Hrsg.), ohne Datumsangabe.

80 Vgl. Arolt/Dilling/Reimer 2003, S. 174.

81 Vgl. Fiedler/Herpertz 2016, S. 48.

82 Vgl. Arolt/Dilling/Reimer a.a.O.

83 Vgl. Fiedler/Herpertz 2016, S. 48.

Narzisstische Persönlichkeitsstörung

Narzisstische Persönlichkeiten wirken oft anspruchsvoll und überheblich. Nach außen hin geben sie sich sehr selbstbewusst und wirken deswegen nicht selten ausgesprochen anziehend auf das andere Geschlecht. Allerdings reagieren sie überempfindlich auf Kritik und sind geplagt von Kränkungs- und Neidgefühlen.[84] Zugrunde liegt ein eher schwaches und vor allem brüchiges Selbstwertgefühl, dass durch die Inszenierung einer großartigen Fassade versteckt werden soll.[85] Narzisstische Personen sind ehrgeizig, sie wollen stets besser sein als andere Menschen. Dabei erhöhen sie sich nicht zuletzt durch Erniedrigen anderer Menschen in ihrem persönlichen Umfeld (sowohl in Arbeitsverhältnissen, als auch in der Partnerschaft). Erste Probleme gibt es oft schon in jungen Jahren im Arbeitsumfeld, da narzisstische Menschen ihrem Anspruch nicht gerecht werden und von Versagensängsten, beispielsweise vor Prüfungen, geplagt werden. Im späteren Leben fallen sie nicht selten durch Arbeitsstörungen auf und bleiben hinter ihrem eigenen Anspruch und auch eigenen Fähigkeiten zurück. Die Menschen können in existenzielle Krisen mit großer innerer Verzweiflung geraten, was bis zum Suizid führen kann. Die narzisstische Persönlichkeit weist mit 14 % die höchste Suizidrate auf.

Narzissmus als psychologische Eigenschaft ist keine ungewöhnliche und sie ist auch nicht zwangsläufig nur als krankhafte zu verstehen. Vielmehr ist sie in Maßen beim „normalen westlichen Durchschnittsbürger“ in Form eines alltäglichen Narzissmus vorhanden.[86] In einer regulären Ausprägung zeigt sich der Narzissmus in einem normalen Maß an Selbstliebe, Eigenschutz, dem Wunsch nach Attraktivität, Erfolg und der Besonderheit der eigenen Existenz. Sind diese Wünsche ausgeprägter und lebensbestimmender, können sie als ehrgeiziger Narzissmus bezeichnet werden, der vor allem beim Umgang mit Scheiterns-Erfahrungen auch für die Umwelt sichtbar wird. Wenn der narzisstische Persönlichkeitszug chronisch wird, kann man von einem pathologischen Zustand ausgehen. Dieses Phänomen ist dann gegeben, wenn sich das Zentrum der eigenen Existenz in einem überzogenen Selbstbild manifestiert und aus diesem heraus Forderungen an Personen im Umfeld und darüber hinaus hergeleitet werden. Die narzissti-

84 Vgl. Fiedler/Herpertz 2016, S. 49

85 Zur Ambivalenz von Charisma und Narzissmus bei Führungsfiguren, vgl. Wirth 2006, S. 74 ff.; ferner Schmidt-Lellek, in: OSC 11 (1), 2004, S. 27 ff. Zum Narzissmus als Antrieb für „herausragende“ Straftaten, vgl. Dienstbühl, in: Homeland Security 3/2011, S. 52 ff.

86 Vielmehr soll die narzisstische Persönlichkeitsstruktur als Antrieb betrachtet werden, durch Handlungen zu Ansehen und/oder Popularität zu gelangen. Zur Ambivalenz von Charisma und Narzissmus bei Führungsfiguren, vgl. Wirth, 2006, S. 74 ff.; ferner Schmidt-Lellek, in: OSC 11 (1), 2004, S. 27 ff.

sche Person vermag allgemein geltende Regeln und Gesetze nicht mehr auf sich zu beziehen. Vielmehr erkennt sie das Handeln anderer Personen als für oder gegen sich gerichtet.[87] Nicht selten entsteht daraus eine Opferrolle, in welche die narzisstische Person verfällt, und diese wird auch den Personen im Umfeld, die sich mit Vorwürfen konfrontiert sehen, offensichtlich. Häufig geht dies mit wahnhaften Vorstellungen, so wie der Ansicht einher, man selbst sei zu „etwas Höherem" berufen, was von anderen Personen jedoch bewusst unterbunden werde. Gehen diese persönlichen Empfindungen mit einem Gewaltdrang einher, kann dies als „aggressiver Narzissmus" betrachtet werden. Ausgangspunkt sind Schuldzuweisungen gegenüber anderen und die Opferrolle, in welcher die Person sich verhaftet fühlt. Weiterhin kennzeichnend ist die völlige Empathie-Unfähigkeit der krankhaft narzisstischen Person sowie ein Höchstmaß an Uneinsichtigkeit und Unfairness gegenüber Mitmenschen, die auch Gewalttaten rechtfertigt. Mit dem Begriff der narzisstischen Wut wird eine „extreme Reaktion auf Verletzung des Selbstwertgefühls" beschrieben, welche sich in Form von Aggressionen niederschlägt und von anderen Formen der Aggression vor allem dadurch unterscheidet, dass sie mit einer zwanghaften Rachsucht gegenüber dem vermeintlichen Verursacher der subjektiv erlebten Verletzung einhergeht. Diese kann bis hin zu Vernichtungswünschen reichen.[88] Die eigene Existenz zu etwas Erhabenem und Besonderem zu machen, über dem Durchschnitt der Gesellschaft zu stehen, hat eine mitunter verbindende Komponente. Insbesondere bei Personen, die sich aus der Gesellschaft ausgegrenzt fühlen, kann eine Art Gruppennarzissmus die Art und Weise eines Personenzusammenschlusses sowie die Ziele dessen definieren.

Emotional instabile Persönlichkeitsstörung (Borderline-Typus)

Nach ICD-10 werden zwei Erscheinungsformen der emotional instabilen Persönlichkeitsstörung voneinander unterschieden: ein impulsiver Typus, der durch emotionale Instabilität und mangelnde Impulskontrolle gekennzeichnet ist und ein Borderline-Typus.[89] Der Borderline-Typus umfasst die Kriterien des impulsiven Typus und zusätzlich weitere Merkmale. Daher wird im Folgenden nur die Borderline-Störung besprochen, weil alle Aspekte der emotional instabilen Persönlichkeit enthalten sind. Zentral ist die Instabilität im Selbstbild, die sich auch in Beziehung zu anderen Menschen

87 Eine entsprechende narzisstische Entwicklung kann bei Kindern durch einen Erziehungsstil übermäßiger Verwöhnungshandlungen begünstigt und gefördert werden, vgl. Stone, in: Kernberg/Hartmann (Hrsg.) 2012, S. 423.

88 Vgl. Wirth 2006, S. 47 f.

89 Vgl. Stolpmann 2001, S. 203.

zeigt, sowie die ausgeprägte und überdauernde Störung der Impulskontrolle[90] und Affektivität.[91]

Die Borderline-Persönlichkeitsstörung ist ein schweres psychiatrisches Krankheitsbild. Insgesamt leiden etwa 3 % der Allgemeinbevölkerung darunter.[92] Die Betroffenen erleben sich als Opfer ihrer heftigen Stimmungen und neigen zu selbstschädigendem, manchmal auch fremdaggressivem Verhalten. Sie wirken vor allem unnachvollziehbar launisch und reagieren sensibel auf Zurückweisung. Die Betroffenen beschreiben, dass sie sich „fremd" vorkommen, sich nicht mit sich selbst identifizieren oder sich selbst „nicht fühlen" können. Typische Merkmale sind unangemessene Wutausbrüche und mitunter drastische autoaggressive Impulse mit Selbstverletzungsverhalten (z. B. Zufügen tiefer von Schnittverletzungen, Zerschlagen von Gegenständen am Kopf, Schlagen des Kopfes gegen eine Wand, etc.). In Belastungssituationen ist daher das Suizidrisiko erhöht, regelmäßiger sind parasuizidale Gesten zu beobachten. In Beziehungen zeigt sich das sprunghafte Verhalten in Wutausbrüchen gegen den Partner, den sie in solchen Momenten nicht ertragen und wegstoßen möchten. Im nächsten Moment zeigen sie sich abhängig und zeigen dem Partner, dass sie ihn brauchen. Die Impulskontrollstörung kann sich auf die unterschiedlichsten Lebensbereiche auswirken, von der sexuellen Orientierung bis hin zu Wertevorstellungen und Berufswünschen.[93] Nicht selten wirken Borderline-Persönlichkeiten sehr anziehend und faszinierend auf ihre Umwelt. Durch ihr abhängiges Verhalten schaffen sie es zudem, Menschen an sich zu binden, die sie in selbstzerstörerischen Phasen stets wegzustoßen versuchen.

Dissoziale Persönlichkeitsstörung

Die dissoziale oder antisoziale Persönlichkeitsstörung ist geprägt von einer Neigung zu aggressivem Verhalten und zu Gewalttätigkeit. Betroffene Menschen geraten daher häufig mit dem Gesetz in Konflikt, weil sie soziale Normen missachten und verantwortungslos handeln. Dissoziale Persönlichkeiten sind schnell reizbar und weisen eine gestörte Affekt- und Impulskontrolle auf.[94] Sie besitzen nur eine geringe Frustrationstoleranz. Eine Teilgruppe der Betroffenen verfügt über keinerlei Einfühlungsvermögen,

90 Vgl. Marneros 2008, S. 37.

91 Vgl. Fiedler/Herpertz 2016, S. 47.

92 Vgl. Berufsverbände und Fachgesellschaften für Psychiatrie, Kinder- und Jugendpsychiatrie, Psychotherapie, Psychosomatik, Nervenheilkunde und Neurologie aus Deutschland und der Schweiz (Hrsg.), ohne Datumsangabe.

93 Vgl. Fiedler/Herpertz 2016, S. 47 f.

94 Stolpmann 2001, S. 193.

weswegen sie langfristige Konsequenzen ihrer Handlungen auch für andere Personen nicht bedenken. Dies macht sie zu rücksichtslosen Personen, denen die Gefühle und das Wohlergehen der Mitmenschen oder seiner Umwelt schlichtweg egal ist, was wiederum in Folge zu einer erhöhten Gewaltbereitschaft führen kann.[95] Alltag und Routine führen sowohl im Beruf als auch in der Partnerschaft bei Betroffenen schnell zur Langeweile und zu einem Gefühl des Unbehagens.[96] Daher sind sie risikofreudig und suchen nach Aufregung, Abenteuer und Abwechslung.[97] Im zwischenmenschlichen Bereich sind dissoziale Persönlichkeiten unzuverlässig und z. T. manipulieren und missbrauchen sie andere Menschen. Ihr eigener Vorteil steht im Vordergrund des Handelns. In der Allgemeinbevölkerung besitzen 3–7 % der Männer und 1–2 % der Frauen eine dissoziale Persönlichkeit.[98]

c) Hauptgruppe 3

Ängstlich-vermeidende Persönlichkeitsstörung

Die selbstunsichere oder ängstlich-vermeidende Persönlichkeitsstörung ist mit einer Häufigkeit von 3–5 % in der Allgemeinbevölkerung verhältnismäßig verbreitet.[99] Die betroffenen Menschen haben Angst vor negativer Bewertung, Kritik oder Zurückweisung.[100] Sie treten entsprechend schüchtern und verlegen auf, fühlen sich gehemmt und unsicher in vielen zwischenmenschlichen Situationen. Dies führt zur Vermeidung von Gesellschaft und somit zur Isolation. Sie stehen nicht gerne im Mittelpunkt und haben Schwierigkeiten, vor Menschen zu sprechen, was für ihre Umwelt durchaus erkennbar ist. Weil sie sich selbst als minderwertig erleben und bewerten, meiden sie den Kontakt zu anderen Menschen. Tatsächlich aber werden sie von ihren Mitmenschen häufig als Freunde und Helfer geschätzt, weil sie oft sensibel, feinfühlig und rücksichtsvoll sind. Dies kann auch dazu führen, dass sie ausgenutzt oder aber erniedrigt werden, da von ihnen

95 Fiedler/Herpertz 2016, S. 46.

96 Vgl. Berufsverbände und Fachgesellschaften für Psychiatrie, Kinder- und Jugendpsychiatrie, Psychotherapie, Psychosomatik, Nervenheilkunde und Neurologie aus Deutschland und der Schweiz (Hrsg.), ohne Datumsangabe.

97 Vgl. Fiedler/Herpertz 2016, S. 46.

98 Vgl. Berufsverbände und Fachgesellschaften für Psychiatrie, Kinder- und Jugendpsychiatrie, Psychotherapie, Psychosomatik, Nervenheilkunde und Neurologie aus Deutschland und der Schweiz (Hrsg.), ohne Datumsangabe.

99 Vgl. Berufsverbände und Fachgesellschaften für Psychiatrie, Kinder- und Jugendpsychiatrie, Psychotherapie, Psychosomatik, Nervenheilkunde und Neurologie aus Deutschland und der Schweiz (Hrsg.), ohne Datumsangabe.

100 Vgl. Fiedler/Herpertz 2016, S. 49.

mit keiner Gegenwehr zu rechnen ist. Diese Persönlichkeitsstörung kann auch als seit der Kindheit bzw. Jugend bestehende, besonders schwere Form der Generalisierten Sozialen Phobie angesehen werden.[101]

Ängstlich-vermeidende Persönlichkeiten sind anfällig für die Entwicklung anderer psychischer Erkrankungen, wie Angststörungen (soziale Phobie), Zwangserkrankungen oder Depressionen. Oftmals ist eine solche zusätzliche Erkrankung der Grund, warum sich diese Menschen in Therapie begeben, nicht wegen der zugrundeliegenden ängstlich-vermeidenden Persönlichkeitsstörung.[102]

Dependente Persönlichkeitsstörung

Menschen mit dependenter oder abhängiger Persönlichkeitsstörung haben das Gefühl, ihr Leben nicht eigenständig führen zu können. Sie brauchen eine Person, die sie unterstützt und ihnen wichtige Entscheidungen abnimmt. Dieser Person sind sie völlig loyal und ergeben. Aus Angst, diese Bezugsperson zu verlieren, ordnen sie sich dem Partner unter und erscheinen regelrecht unterwürfig.[103] Ihre eigenen Gefühle oder Bedürfnisse äußern sie nicht, bzw. unterdrücken sie, da sie sich völlig auf ihre Bezugsperson fokussieren. Dieses „Klammerverhalten" ist jedoch häufig der Auslöser für Beziehungsprobleme. Da Menschen mit dependenter Persönlichkeitsstörung anhänglich, zuverlässig, hilfsbereit und treu sind, werden sie als gute und zuverlässige Freunde geschätzt und sind darüber hinaus auch in sozialen Berufen zu finden (z. B. auch als Therapeuten).[104] In einem stabilen und behüteten Umfeld kommen die betroffenen Menschen häufig lange Zeit problemlos zurecht; eine Veränderung der Lebenssituation, z. B. durch Umzug, Trennung, Tod des Partners oder andere Umstände kann jedoch zu einer psychischen Krise führen.[105]

Anankastische (zwanghafte) Persönlichkeitsstörung

Eine überaus genaue Genauigkeit und das Streben nach Perfektion im eigenen Tun kann ein Persönlichkeitsstil sein. Zum Zwang wird dieser dann,

101 Vgl. Fiedler/Herpertz a. a. O.

102 Vgl. Berufsverbände und Fachgesellschaften für Psychiatrie, Kinder- und Jugendpsychiatrie, Psychotherapie, Psychosomatik, Nervenheilkunde und Neurologie aus Deutschland und der Schweiz (Hrsg.), ohne Datumsangabe.

103 Fiedler/Herpertz 2016, S. 50.

104 Fiedler/Herpertz 2016, S. 51.

105 Vgl. Berufsverbände und Fachgesellschaften für Psychiatrie, Kinder- und Jugendpsychiatrie, Psychotherapie, Psychosomatik, Nervenheilkunde und Neurologie aus Deutschland und der Schweiz (Hrsg.), ohne Datumsangabe.

wenn dieses Streben nicht mehr mit einer positiven Bewertung verbunden sein kann. Zwanghafte Persönlichkeiten wirken nach außen hin als sorgfältig, ordentlich, korrekt und regelrecht pedantisch.[106] Sie sind bemüht, keine Fehler zu machen. Ihre Genauigkeit und Zuverlässigkeit werden (besonders im Beruf) sehr geschätzt, doch sie stellen ihre eigenen hohen Erwartungen auch an andere. Zudem wird die Pflichterfüllung zwischenmenschlichen Kontakten übergeordnet.[107] Das führt zu zwischenmenschlichen Konflikten, da es ihnen an Leichtigkeit und Spontaneität mangelt. Aufgrund ihrer Überkorrektheit und Unfähigkeit zur Arbeitsteilung können sie vor allem im weiteren Lebensweg für Erschöpfungszustände anfällig sein.

3. Umgang mit Betroffenen

Da sich persönlichkeitsgestörte Menschen in aller Regel nicht als krank erleben, suchen sie im Außen nach Gründen für ihre immer wieder auftretenden Probleme mit anderen Menschen. Trifft man auf persönlichkeitsgestörte Personen, sei es als Kollege, Kunde oder Bürger, muss man daher davon ausgehen, dass sich diese Person weder in Therapie befindet noch sich dem eigenen Anteil am Zustandekommen ihrer Schwierigkeiten bewusst ist.

Dabei verfolgen persönlichkeitsgestörte Personen mit ihrem Handeln häufig identische Motive, wie andere Menschen auch: Sie wollen überleben, ihre persönlichen Ziele erreichen und den Alltag bewältigen. Sie legen dafür jedoch keine sozialkonformen Verhaltensweisen an den Tag oder haben möglicherweise Ziele, die nicht mit gesellschaftlichen Normen konform gehen. Für den Umgang ist es daher hilfreich, das gezeigte Verhalten (die Persönlichkeitsstörung) von dem eigentlichen Motiv des Handelns zu trennen und sich auf Letzteres zu konzentrieren. Wenn möglich, sollte versucht werden, alternative Verhaltensweisen anzubieten. Das bedeutet auch, die Person so normal wie nur möglich zu behandeln.

All dies dient nicht dazu, das gezeigte Verhalten gutzuheißen, sondern dient der Zusammenarbeit und dem Selbstschutz. Machen Sie ihre persönlichen Grenzen, wie z. Bsp. Umgangston, Beleidigungen, von Anfang an deutlich und rücken Sie nicht von diesen ab. Ist all dies für einen tragfähigen Umgang nicht ausreichend, suchen Sie das Gespräch mit dem Vorgesetzten/psychologischen Berater, um den weiteren Umgang zu besprechen.

106 Vgl. Arolt/Dilling/Reimer 2003, S. 174.

107 Fiedler/Herpertz 2016, S. 51.

Es kann in einem Arbeitsteam sinnvoll sein, einzelne Mitarbeiter im Umgang mit psychisch auffälligen Personen zu schulen. Einige Behörden verfahren bereits so und haben Mitarbeiter weitergebildet, die hier eine entsprechende Eignung (ggf. auch Vorbildung) und den Wunsch danach geäußert haben.

In jedem Fall ist es wichtig, dass Sie sich und Ihre Tätigkeit von der eines Psychologen abgrenzen: Sie sollen die Personen nicht therapieren, sie möchten nur mit ihnen soweit zusammenarbeiten, wie es nötig ist. Gerade Menschen, die anderen gerne helfen und auch deswegen in den öffentlichen Dienst eingetreten sind, vor allem im sozialen Bereich, haben hier häufig ihre Probleme. Sie helfen den Menschen aber bereits dadurch, dass Sie ihre Anliegen mit der entsprechenden Aufmerksamkeit und Sachkenntnis bearbeiten und nicht ihre psychische Konstitution bewerten.

4. Bedrohungsmanagement

Umgang mit Menschen, die Wahnvorstellungen haben: Wenn Menschen Wahnvorstellungen haben, äußert sich dies häufig in Verschwörungstheorien und Ängsten vor einer imaginären Übermacht dessen, wovor sie Angst haben. In solchen Fällen ist es wichtig, den Betroffenen das Gefühl größtmöglicher Sicherheit zu geben, was sich im Umgang als regelrechter Balanceakt gestaltet:

- Behandeln Sie Ihr Gegenüber wachsam, aber möglichst normal.
- Versuchen Sie nicht, dem Gegenüber dessen Wahnvorstellungen auszureden, für ihn sind sie Realität.
- Bestärken Sie die Wahnvorstellungen jedoch andererseits nicht. Fragen Sie stattdessen nach und versuchen Sie, immer auf sein Anliegen zurückzukommen und möglichst Sachlichkeit herzustellen.
- Sprechen Sie langsam, ruhig und verständlich, erklären Sie und fragen Sie nach, ob es noch Fragen von Ihrem Gegenüber gibt.
- Vermeiden Sie hektische Bewegung und achten Sie darauf, dass Ihr Gegenüber Ihre Hände sehen kann (z. B. Hände mit Handflächen oben auf dem Tisch liegen lassen, wenn dies möglich ist). Kann er sie nicht sehen, wird ihn das verunsichern und seine Ängste weiter verstärken.
- Gilt eine Person aufgrund einer bekannten psychischen Störung als aggressiv, informieren Sie nach Möglichkeit (im Vorfeld) die Kollegen und stimmen sie Ihr Handeln ab (vgl. auch Kapitel V).
- Machen Sie sich nicht über das Auftreten und Verhalten der Personen lustig.

5. Zusammenfassung

- Persönlichkeitsstörungen bedeuten nicht zwangsläufig, dass eine Person aggressiv oder gefährlich ist.
- Persönlichkeitsstörungen können auch bei Kollegen vorhanden sein.
- Versuchen Sie nicht, eine Person auf eine bestimmte Störung festzulegen und sie daraufhin zu analysieren und zu bewerten. Die zuvor dargestellten Störungen sollen Ihnen lediglich eine Orientierung zum Verständnis bieten, die Ihnen die Abgrenzung erleichtert.

VI. Umgang mit suizidalen Personen

Suizid (lat. sui = seiner (selbst) und caedere = [er]schlagen, töten, morden). Einem Suizid geht regelmäßig eine Entwicklung voraus, es handelt sich nicht um spontane und rein situative Reaktionen. Hierbei gilt es, Ursache und Auslöser zu unterscheiden. Suizidalität ist derweil keine psychische Erkrankung, sondern die krisenhafte Zuspitzung einer krankhaften Entwicklung, die sich über wenige Wochen bis hin zu mehreren Monaten und Jahren erstrecken kann.[108] Statistisch steigt das Risiko zum Suizid mit zunehmendem Alter, insbesondere nach einer schwerwiegenden Diagnose. Doch auch andere Faktoren beeinflussen die Suizidalität, und sie kann auch im Jugendalter auftreten.

Personen können ihre Suizidabsichten kundtun, während sie sich bei Ihnen im Büro aufhalten. Um diese Äußerungen besser einschätzen zu können, werden nachfolgend einige Kriterien zur Einschätzung des Stadiums und des gegenwärtigen Risikos vorgestellt.

1. Risikoeinschätzung

Ist dieser Umstand (möglicherweise durch Dritte) bekannt, muss die Person besonders sorgfältig beobachtet werden. Denn wenn das eigene Leben als nicht lebenswert empfunden wird, ist der Schritt zu einem erweiterten Suizid, der in einen Amoklauf oder ein Attentat mündet, das einer terroristischen Organisation gewidmet wird, wahrscheinlicher. Phasen des *präsuizidalen Syndroms*[109] sollten dabei Beachtung finden.

108 Vgl. Horn, in: Notfall + Rettungsmedizin 6/2001, S. 491.

109 Ausführlich vgl. Horn, in: Notfall + Rettungsmedizin 6/2011, S. 493 ff.

Phasen	Inhalt	Verhalten	Kommunikation	Warnverhalten
Stadium 1	Abwägen	Suizidgedanken	Hinweise auf Gedanken in Gesprächen	Allgemeine Andeutungen über Gewalt im persönlichen Umfeld
Stadium 2	Erwägen	Suizidabsichten	Ankündigungen, Warnungen	Andeutungen im persönl. Umfeld werden nun konkreter, weiterhin Nutzen von Konjunktiven („Ich könnte mich einfach vor einen einfahrenden Zug stürzen", etc.)
Stadium 3	Entscheiden	Suizidvorbereitung und/oder -durchführung	Resignation, Einstellung der Kommunikation	Einstellung der Kommunikation mit Andersdenkenden, ggf. Verabredung zum Suizid mit Gleichgesinnten (eher bei Teenagern), Festlegung und Vorbereitung, schließlich die Tat (z. B. Selbsttötung oder Versuch)

Tabelle: Eigene Darstellung mit Erweiterungen nach Horn 2011 und Pöldinger 1968

Im ersten Stadium des Abwägens kommunizieren Betroffene ihre Gedanken häufiger und sind entsprechend gesprächsbereit. Hilfsangebote werden in dieser Phase am ehesten angenommen. Im zweiten Stadium des Erwägens verhalten sich die Betroffenen häufig ambivalent (mal sprechen sie über ihre suizidalen Absichten, manchmal dementieren sie dies wieder und machen sich lustig über das Thema, etc.). Auch erste (zum Teil auch untaugliche) Versuche und Ansätze eines Suizides (beispielsweise sich vor einem Spiegel eine Plastiktüte über den Kopf stülpen und zuhalten) finden in dieser Phase statt. Im dritten Stadium ist die Entscheidung für einen Suizid getroffen. Wird nun eine konkrete Tat angekündigt oder ein Abschiedsbrief verfasst, dann muss die Polizei verständigt werden.

a) Gefährdungskriterien und Erkennungsmerkmale

Suizidalität entwickelt sich aus einem Zusammenspiel verschiedener Faktoren. Selten gibt es nur einen einzigen Grund, der erklärt, warum ein Mensch nicht mehr leben möchte. Aktuelle Belastungen und Lebenskrisen spielen ebenso eine Rolle wie psychische Krankheiten oder Suchterkrankungen. Auch die Erfahrungen, die man im Laufe seines Lebens gemacht hat, und die Art und Weise, wie man damit umgegangen ist, welche Bewältigungsstrategien man entwickelt hat, beeinflussen die Handlungen und Gedanken eines Menschen. Doch auch die Erfahrungen mit anderen und insbesondere einem nahestehenden Menschen beeinflussen die Belastbarkeit und den Umgang mit Krisensituationen.

Eine Krise kennzeichnet, dass Menschen äußeren Belastungen ausgesetzt sind, die sie in diesem Moment nicht mit ihren üblichen Bewältigungsstrategien und Ressourcen meistern können. Es entsteht eine hohe emotionale Belastung und massiver innerer und äußerer Druck, den ein Mensch nicht über einen längeren Zeitraum ertragen kann. Dadurch kann die Krise zu einer Bedrohung für das eigene Leben werden oder zumindest durch den Leidensdruck den Wunsch nach Beendigung durch eine Selbsttötung attraktiv werden lassen. Bei entsprechend ausgeprägten Symptomen von „Belastungsreaktion“ können sich diese zu einer ausgereiften Posttraumatischer Belastungsstörung (PTPS) entwickeln. In deren Zuge kann es für Betroffene zu immer wiederkehrenden Alpträumen kommen und zu intrusivem Wiedererleben in Form von Flashbacks. Zentral für die Betroffenen ist das Empfinden der Machtlosigkeit und des Ausgeliefertseins, das man selbst nicht kontrollieren kann.[110]

Suizidanten wollen häufig primär nicht sterben, sie wollen ihr Leiden beenden. Immer wiederkehrende Ankündigungen und Drohungen mit Suizid müssen in ihren Kontext eingeordnet werden: Unter Umständen handelt es sich tatsächlich um eine Erpressungstaktik (z. B. beim (Ex-Partner-) Stalking) oder steht im Kontext anderer psychischer Erkrankungen.

b) Gefährdungsrisiken

- Miterleben von Suizidalität in der eigenen Familie
- frühere Suizidversuche (auch untauglich als Probe oder Warnverhalten)
- biologische/hormonelle Krisenzeiten (Jugend/Alterungsprozess)
- zerrüttete Familienverhältnisse/soziale Isolation/keine zwischenmenschlichen Bindungen
- Identitätsverlust (auch aufgrund von Migration)
- Verlust eines Familienmitgliedes
- Arbeitsplatzverlust
- schwere Schuldgefühle/Schuldgedanken
- Alkoholismus/Drogenabhängigkeit

110 Vgl. Dienstbühl 2019, S. 175.

- Depression[111]/Schizophrenie
- lange, andauernde Schlafstörungen
- Schwere Diagnose/unheilbare Krankheiten
- Starke andauernde Schmerzen

c) Erkennungsmerkmale

- Sich zuspitzende, situative Einengung
- Gefühl der Machtlosigkeit, des Sich-Ausgeliefert-Fühlens
- Wahrnehmung eines Suizides als Erlösung aus einer ausweglosen Situation
- Verlust bisherig bindender Werte
- Einengung der Gefühlswelt, empfundenes „Abstumpfen“
- Soziale Isolation, gesellschaftlicher Rückzug
- Aggressionsstauungen, ggf. Autoaggression
- Sich aufdrängende Selbstmordphantasien, Beschäftigung mit Suizid
- Vorbereitungen zur Durchführung des Suizides

d) Hinweise für das Gespräch mit suizidgefährdeten Menschen

Wenn Sie in einem Beratungsgespräch (z. B. im Jobcenter, im Jugendamt, etc.) das Gefühl haben, dass eine Person suizidal sein könnte, erfragen Sie die Situation (z. B. „Ich habe den Eindruck, dass es Ihnen sehr schlecht geht. Möchten Sie darüber sprechen?“). Für ein entsprechendes Gespräch gelten folgende Regeln:

- Begegnen Sie einem suizidalen Menschen mit Respekt.
- Hören Sie zu, vermeiden Sie Ratschläge zu geben.
- Suizidabsichten sind immer ernst zu nehmen, bagatellisieren Sie das Problem nicht.
- Belehren oder beurteilen Sie den Betroffenen nicht.
- Unterstützen Sie den Betroffenen dabei, auch weiterführende professionelle Hilfe in Anspruch zu nehmen, suchen Sie ihm beispielsweise eine passende Anlaufstelle heraus und rufen dort an.

111 Internationale Studien weisen immer wieder auf den Zusammenhang zwischen Depressionen und Suizidalität hin, vgl. Wahl 2009, S. 79, ebenso Pondorfer 2015, S. 22. Dabei handelt es sich regelmäßig um Formen der leichten bis mittelschweren Depression; bei einer schweren Depression ist die Antriebslosigkeit zu hoch.

2. Bedrohungsmanagement

Sollte eine Person an Ihrem Arbeitsplatz den eigenen Suizid ankündigen oder androhen, gilt es zunächst, die genaue Formulierung einzuschätzen. Wie konkret ist die Äußerung? In welchem Kontext steht sie? (Vgl. hier Kapitel XX). Bezieht sich die Person nur auf sich oder kündigt sie sogar den Tod weiterer Personen an (erweiterter Suizid)? (Vgl. hierzu auch Kapitel X). Ist die Formulierung sehr konkret und klar (Beispiel: „Ich werde jetzt nach Hause gehen und mich mit meiner Schrotflinte erschießen."), verständigen Sie bitte umgehend die Polizei unter dem Notruf 110. Auch wenn Sie sich hinsichtlich einer Ankündigung nicht sicher sind, rufen Sie die Polizei, die Einsatzzentrale entscheidet, wie sie weiter vorgehen werden.

Möchte sich eine Person noch an Ihrem Arbeitsplatz das Leben nehmen, beispielsweise aus dem Fenster springen oder indem er ein Messer gegen sich richtet, bedarf es natürlich des Alarmierens der Polizei. Zudem sollten Sie versuchen, mit der Person zu sprechen. Der Psychotherapeut *Philipp Horn* hat einen Leitfaden zur Gesprächsführung mit Suizidanten entwickelt, der auf bereits etablierten Kriseninterventionstechniken sowie theoretischen Überlegungen und praktischen Erfahrungen mit Menschen in suizidalen Krisen beruht. Zu berücksichtigen sind dabei

- die Gegebenheiten vor Ort,
- der oftmals hohe Zeitdruck,
- die psychische Ausnahmesituation aller Betroffenen und auch von einem selbst,
- die geringen psychologisch-psychiatrischen Kenntnisse
- und die mangelnde Routine.

Der Gesprächsleitfaden[112] umfasst 4 strukturierte Phasen, die aufeinander bezogen sind:

1. **Kontakt herstellen**: Sich vorstellen (z. B.: „Ich bin … und arbeite hier als …"), wenn nötig und auch den Suizidanten nach seinem Namen fragen, sofern man diesen nicht kennt. Sprechen Sie die Person mit Namen an und fragen Sie beispielsweise, ob er mit „sie" oder „du" angesprochen werden möchte. So versuchen Sie eine Basis für die Zusammenarbeit (*Compliance*) zu schaffen.[113]
2. **Zustand ansprechen**: Der Kontakt ist hergestellt, auch wenn der Suizidant Sie anweist, zurückzubleiben oder zu gehen. Nun gilt es, die Realität und die Aktion des Suizidanten in Worte zu fassen, falls dieser in

112 Nach. Horn, in: Notfall + Rettungsmedizin 6/2001, S. 495.

113 Vgl. Horn, in: Notfall + Rettungsmedizin 6/2001, S. 494.

seinem Tunnelblick den Bezug zu seiner Umwelt völlig verloren hat. Beschreiben Sie beispielsweise in einem Satz, was die Person tut, wie z. B. „Sie stehen hier auf dem Dach und wollen springen, dort unten steht eine Menge Polizei und Feuerwehr“[114] der „Sie zielen gerade mit einem Messer auf sich. Wir stehen um Sie herum und bewegen uns nicht“ oder ähnliches. Damit schaffen Sie eine Orientierung, zudem beschreiben Sie die Wahrheit, was eine anfängliche Vertrauensbasis stärken kann. Da sich die Person in einer Extremsituation befindet und in einem akuten Zustand zwischen Leben und Tod, ist es hilfreich, dies sehr direkt anzusprechen, z. B. „Sie schwanken zwischen Leben und Tod. Ich kann mir vorstellen, dass Sie sehr verzweifelt sind und keinen Ausweg mehr sehen. Gleichzeitig habe ich aber auch den Eindruck, dass Sie leben möchten und Hoffnung haben, dass alles gut wird“.[115] Wichtig ist dabei, keine Lösungsvorschläge zu unterbreiten oder Versprechungen zu machen (die möglicherweise auch gar nicht realistisch sind). Damit könnte sich der Suizidant noch weiter in die Ecke gedrängt fühlen. Auch Small Talk sollte vermieden werden, da er die Person unter Umständen nur hilflos macht. Indem Sie die Situation für den Suizidanten ansprechen und sich mit einbinden (z. B. „Ich merke, wie mich das selbst sprachlos macht“),[116] machen Sie sie erträglicher.

3. **Hintergrund erfragen**: Erfragen Sie ruhig die Hintergründe für die Erwägung zum Suizid, vermeiden Sie allerdings Warum-Fragen, damit bringen Sie ihn in Rechtfertigungsgrund, besser ist z. B. die Frage „Was ist passiert?“ oder „Was ist los?“.[117] Sollten die Berichte völlig ausufern, sollten Sie den Suizidanten in die aktuelle Situation zurückzuführen, z. B.: „Ich kann mir vorstellen, wie schwierig/schmerzhaft das für Sie ist, im Moment geht es aber darum, dass Sie hier auf der Brücke stehen und drohen herunterzuspringen, gleichzeitig aber auch Hilfe suchen“.[118]
4. **Verhandlung führen**: Nun gilt es das Wir-Gefühl soweit zu stärken, dass er sein Schamgefühl ablegen und somit wieder einen Weg zurück ins Leben finden kann. Durch die Situation schämt sich der Suizidant und fühlt sich unter Druck, seine Ankündigung wahrzumachen.

Vermeiden sollten Sie ein riskantes Festhalten oder auch die Aufforderung, dass die Person seine Ankündigung wahrmachen und beispielsweise sprin-

114 Horn, in: Notfall + Rettungsmedizin 6/2001, S. 495.

115 Horn a. a. O.

116 Horn a. a. O.

117 Horn a. a. O.

118 Horn a. a. O.

gen, den Abzug durchdrücken oder zustechen soll. Denn wenn er dies tut, werden Sie schwere Probleme mit Schuldgefühlen bekommen.

Grundsätzlich sind alle Versuche, einen Suizidanten von der Selbsttötung abzuhalten, eben Versuche ohne Garantie auf Wirksamkeit. Es gibt die Vertreter, die äußern, dass jede Person in Selbstmordabsicht zurück ins Leben geführt werden kann. Dieses mutmaßliche Können bedeutet allerdings zu Ende gedacht eine Mitschuld an den Menschen, die den Suizid nicht verhindern konnten. Befreien Sie sich von derlei Ansichten. Der Suizidant entscheidet. Nur sollte seine Selbsttötungsabsicht nicht noch weiter bestärkt oder die Person weiter in die Enge getrieben werden.

3. Verarbeitung

Das Miterleben suizidaler Absichten oder möglicherweise auch der vollzogenen Selbsttötung sind enorm belastend für alle Zeugen. Häufig suchen Menschen in solchen Situationen die Verantwortung bei sich selbst und verspüren deswegen Schuldgefühle. Hier bedarf es der professionellen Krisenintervention für alle Beteiligten mit Gruppen- und Einzelangeboten. Auch ein regelmäßiger Umgang mit suizidalen Personen ist belastend. Unter Umständen ist hier Unterstützung, z.B. in Form von Supervision[119] hilfreich.

4. Zusammenfassung

- Suizidalität ist ein komplexes Phänomen, dass durch unterschiedlichste Faktoren hervorgerufen und verstärkt werden kann.
- Nehmen Sie eine Ankündigung, Suizid verüben zu wollen, stets ernst und betrachten Sie den genauen Wortlaut und den Kontext.
- Verständigen Sie in einem akuten Fall immer die Polizei. Auch wenn Sie sich hinsichtlich des Gefährdungsgrades nicht ganz sicher sind.
- Da der Umgang mit Suizidanten sehr belastend ist, sollten Sie mit Ihren Kollegen darüber sprechen und auch professionelle Hilfe in Anspruch nehmen, wenn Sie sich unwohl fühlen.
- Wenn Sie einen Suizid auf der Arbeitsstelle miterleben, bedürfen Sie professioneller Hilfe zur Verarbeitung der Ereignisse.

119 Supervision ist eine Form der Beratung für Mitarbeiter, die zur Reflexion eigenen Handelns anregt.

VII. Umgang mit Personen mit Suchtproblematik

Erst seit dem 19. Jahrhundert wurde „Sucht“ in Verbindung gebracht mit einer krankhaften Verformung von Vernunft und Willen; aus dem Laster „Trunksucht“ wurde eine Krankheit.[120] Am Modell der Trunksucht entwickelte die Medizin ihr Krankheitskonzept der Sucht, das heute auf alle Arten der Abhängigkeit von Substanzen angewandt wird. Substanzabhängigkeit und verschiedene Formen von Sucht äußern sich ganz unterschiedlich. Suchtproblematiken können sowohl bei Kollegen als auch beim behördlichen Gegenüber auftreten. Der Aspekt Sucht und suchtfördernde Aspekte am Arbeitsplatz wird deswegen auch in diesem Kapitel verarbeitet.

Es gibt stoffgebundene und nichtstoffgebundene Suchtformen. Zu den Stoffgebundenen zählen unter anderem: Alkoholsucht, Nikotinsucht, Medikamentensucht und Drogensucht. Bei nichtstoffgebundene Suchtformen zeigt sich eine psychische Abhängigkeit zu einer Verhaltensweise, beispielsweise übermäßigem Kaufverhalten, spielen oder arbeiten. Beide Suchtformen, stoffgebunden und nichtstoffgebunden, erfüllen die gleichen Kriterien der Abhängigkeit.

1. Hinweise auf ein Suchtproblem

- Zwanghafter Wunsch nach dem Suchtmittel.
- Kontrollverlust über Menge und Ende des Konsums.
- Übliche Interessen werden vernachlässigt.
- Negative Randerscheinungen (Arbeitsplatzverlust, schlechte Leistungen [Hoch-]Schule usw.) werden in Kauf genommen.
- Allgemeine Verhaltensänderungen.
- Unzuverlässigkeit (Termine und Verabredungen werden immer häufiger nicht mehr korrekt wahrgenommen).
- Leugnung der Sucht, Relativierung des Konsums.

120 Der Begriff Sucht bezeichnete bis ins 16. Jahrhundert generell jede körperliche Erkrankung (gotisch siukan = krank sein).

2. Sucht am Arbeitsplatz

Stress und psychische Belastung scheinen in der Arbeitswelt stetig zuzunehmen. Gestresste Arbeitnehmer greifen eher zu suchtfördernden Stoffen wie Nikotin, Alkohol oder auch Tabletten, um leistungsfähiger zu sein und konzentrierter zu arbeiten. Gerade Menschen, die eine große Verantwortung tragen, sind aufgrund von Überforderung und Statusunsicherheit gefährdet.

Stressfördernde Faktoren sind:

- Ungünstige Arbeitszeiten;
- Konflikte, Ärger mit Kollegen oder Vorgesetzten;
- Unterforderung;
- Fehlende Wertschätzung;
- Zeitdruck;
- Arbeitsplatzunsicherheit.

3. Formen der Abhängigkeit

Generell unterscheidet man zwei Formen von Abhängigkeit:

- Psychische Abhängigkeit: „Das unbezwingbare Verlangen nach periodischer oder fortwahrender Einnahme der Droge, um einen angenehmen Zustand (Lust, Glücksgefühl) zu erzeugen oder einen unangenehmen Zustand (Unlust, Missbehagen) zu vermeiden.“ (WHO)
- Physische Abhängigkeit: Die Droge ist im Stoffwechsel eingebaut, beim Absetzen treten körperliche Entzugserscheinungen, wie Übelkeit, Erbrechen oder Gliederschmerzen auf.

Ob psychische und/oder physische Abhängigkeit entsteht, hängt von der Drogenart ab. So macht der Missbrauch von Halluzinogenen (LSD, Meskalin, STP u.a.) und Kokain psychisch abhängig, während bei Opiaten (z.B. Morphium, Heroin und entsprechende chemische Präparate) und Alkohol eine physische Abhängigkeit dazukommt. Suchtproblematiken führen zudem zu einem erhöhten Risiko für Suizidalität.[121]

121 Vgl. Schneider/Wetterling 2016, S. 21 ff.

Häufig führt ein **Co-Verhalten** von Menschen aus dem Umfeld suchtkranker Menschen dazu, dass sie sich mit der Wirkung ihres Suchtmittelkonsums und der damit verbundenen Konsequenzen im vollen Umfang auseinandersetzen. Diese Verhaltensweisen finden in guter Absicht statt, letzten Endes stabilisieren, fördern und begünstigen sie jedoch das Problemverhalten und verlängern den Motivationsweg, sich in eine Beratung und Therapie zu begeben.

4. Umgang mit Suchterkrankten

Gespräche mit Suchterkrankten sind schwierig, da die Betroffenen meist ihre Sucht und die Auswirkungen leugnen, behaupten, sie haben sie im Griff oder gar keine Gesprächsbereitschaft zeigen.

a) Suchterkrankungen thematisieren

Die nachfolgenden Hinweise für ein Gespräch mit Suchtkranken gelten sowohl für Mitarbeiter als auch für Antragsteller, Besucher, und können auch in einem privaten Kontext Verwendung finden.

- **Vorbereiten**: Sammeln Sie belegbare Fakten über Häufigkeit, Schwere, Zeitpunkte und Auswirkungen des Suchtmittelmissbrauchs, beispielsweise bei wiederholten Vorsprachen in der Behörde. Halten Sie Ihre Notizen bereit, um Ausreden zu entkräften.
- **Rechnen Sie mit Aggressionen**: Das Leugnen der Sucht kann mit aggressiven Reaktionen einhergehen, um sich zu schützen und der unangenehmen Situation zu entziehen.
- **Ergründen Sie die Ursachen**: Ist die suchterkrankte Person bereit zu reden, kann dies ausufern und in der Darlegung der Lebensgeschichte mit diversen (unverschuldeten) misslichen Lagen münden. Nehmen Sie diese Ausführungen zwar ernst, aber lassen Sie sie nicht als Entschuldigung gelten. Die Sucht ist das Problem, ohne dessen Beseitigung werden dahinterstehende Ursachen nicht angegangen werden können.
- **Sucht ist eine Krankheit**: Erklären Sie der betroffenen Person, dass Sucht eine Krankheit ist, die man behandeln kann. Diagnostizieren Sie aber Ihr Gegenüber nicht. Die Suchtkranken müssen trotz ihrer Erkrankung ihre Selbstachtung wahren können.
- **Gehen Sie vorsichtig mit Ratschlägen um**: Belehrungen und Tipps, „sich zusammenzureißen“ oder ähnliches, bringen erfahrungsgemäß wenig. Suchtkranke sind nicht in der Lage, ihren Konsum kognitiv zu steuern.

b) Prävention und Intervention am Arbeitsplatz

Suchtverhalten beeinflusst die Leistungsfähigkeit und auch das kollegiale Verhältnis. Entsprechend muss es von Vorgesetzten thematisiert und behandelt werden. Zu einer Suchtprävention gehört die Krankheitsvorbeugung, Früherkennung und Nachsorge.

Vorbeugung

- Informations- und Aufklärungsveranstaltungen,
- Abbau physischer und psychischer Belastungen am Arbeitsplatz.

Früherkennung und Ansprache

- Direkte Ansprache, ohne etwas zu verschweigen oder verdecken
- Besprechen möglicher Maßnahmen (Ziele, Regeln, Möglichkeiten)
- Explizite Darstellung der Konsequenzen, wie Abmahnung und Kündigung

Wenn der Suchtkranke bereit ist, eine Therapie zu machen, ist das der erste Schritt in die richtige Richtung. Ob der Mitarbeiter für eine Behandlung der Suchtkrankheit seine Tätigkeit unterbrechen muss oder weiterarbeiten kann, hängt von der Therapieform ab. Während einer Raucherentwöhnung kann meistens weitergearbeitet werden, wohingegen zum Beispiel die Behandlung einer Alkoholkrankheit oft mit einem Arbeitsausfall einhergeht.

Nachsorge und Wiedereingliederung

Wenn die betroffene Person nach erfolgreicher Beendigung einer Therapie wieder zur Arbeit zurückkehrt, sind zwei Dinge für die Wiedereingliederung zu beachten: Die Unterstützung des Betroffenen und die Unterstützung des kollegialen Arbeitsumfeldes. Bei Suchtkranken besteht stets die Möglichkeit, dass sie rückfällig werden können. Dies kann ein einmaliges Ereignis sein, nachdem der Suchtkranke sofort wieder mit der Abstinenz beginnt. Kommt es zu erneutem Suchtverhalten, liegt ein tatsächlicher Rückfall vor. Dieser macht meistens einen erneuten Entzug oder eine weitere Therapie notwendig.

5. Zusammenfassung

- Sucht gilt als Krankheit und ist entsprechend anerkannt.
- Eine Abhängigkeit kann physisch, psychisch oder beides sein.
- Die Sucht sollte nicht übergangen oder verschwiegen, sondern offensiv angesprochen werden, ohne den Suchtkranken zu beleidigen oder zu erniedrigen.
- Co-Verhalten fördert das Suchtverhalten.
- Sucht kann aggressives Verhalten fördern.

VIII. Umgang mit querulatorischen Persönlichkeiten und Kollegen

Im beruflichen Alltag gehen Konfrontationen nicht ausschließlich vom Bürger aus. Auch Kollegen können über problematische Persönlichkeitsstrukturen verfügen, die die Zusammenarbeit schwierig gestalten. Dies gilt insbesondere für querulatorische Persönlichkeiten.

1. Begriff und Allgemeines

Als Querulanten (lat. *queri* = vor Gericht klagen) versteht man Personen, die aus einem z. T. irrelevanten Grund prozessieren, streiten und kämpfen. Sie gelten als unheimliche Rechthaber und nehmen alltägliche Anlässe sehr schnell als persönlichen Affront. Ämter, Nachbarn, Kollegen, Gerichte oder auch die eigene Familie können von Querulanten schnell als Feinde identifiziert werden, gegen deren boshafte Absichten er sich zur Wehr setzen muss. Querulanten sind misstrauisch, kränkbar und nörgelsüchtig, können dabei jedoch im Grunde höfliche und sensible Persönlichkeiten sein. Sie widersetzen sich objektiv vernünftigen Vorschlägen, beklagen ständig falsches Verhalten anderer Personen, sind leicht erregbar und stets mit den gegebenen Verhältnissen unzufrieden. Mittlerweile hat der Begriff eine psychiatrische Bedeutung angenommen. Die internationale Klassifikation psychischer Störungen ICD-10 ordnet die querulatorische Persönlichkeit unter die „paranoiden Persönlichkeitsstörungen" ein. Die diagnostischen Kriterien sind:

- Neigung zu ständigem Groll wegen der Weigerung, Beleidigungen, Verletzungen oder Missachtungen zu verzeihen.
- Misstrauen und eine starke Neigung, Erlebtes zu verdrehen, indem neutrale oder freundliche Handlungen anderer als feindlich oder verächtlich missgedeutet werden.
- Streitsüchtiges und beharrliches, situationsunangemessenes Bestehen auf eigenen Rechten.
- Häufiges ungerechtfertigtes Misstrauen gegenüber der sexuellen Treue des Ehe- oder Sexualpartners.
- Tendenz zu stark überhöhtem Selbstwertgefühl, das sich in ständiger Selbstbezogenheit zeigt.

Dabei ist der Schweregrad sehr weit zu spannen und muss nicht zwingend als pathologisch betrachtet werden. Auch der so genannte „Querulatorenwahn“ erfüllt nicht alle Kriterien eines krankhaften Wahns. Vielmehr handelt es sich um eine wahnhaft anmutende Überzeugung, im Recht zu sein, auch wenn alles dagegenspricht. Um die Diagnose „paranoide Persönlichkeitsstörung“ zu stellen, müssen allerdings nicht alle Merkmale erfüllt sein. Es genügt, wenn mindestens drei der genannten Kriterien vorliegen. Nach unterschiedlich durchgeführten Studien liegt der Anteil von Menschen mit einer derartigen Persönlichkeitsstörung in der Bevölkerung zwischen 0,5 und 2,5 %. Queruliert wird regelmäßig von unten nach oben. Oder anders ausgedrückt: Wer „die Macht“ hat, braucht nicht zu querulieren. Daher beobachtet man deutlich weniger querulatorische Führungskräfte.

2. Typologie

Querulatorische Persönlichkeiten lassen sich voneinander durchaus unterscheiden. Die nachfolgende Typologie des forensischen Psychiaters *Heinz Dietrich* unterscheidet mehrere Querulantentypen, von denen fünf nachfolgend vorgestellt werden:

a) Rechtsquerulanten

Der Rechtsquerulant gilt als klassischer Prototyp und wird mit der Person des *Michael Kohlhaas* (bezugnehmend auf die reale Person Hans Kohlhase) von *Heinrich von Kleist* literarisch aufgearbeitet.[122] Dieser Personenkreis ist als „Hobby-Jurist“ umtriebig und empfindet einen Anlass unterschiedlicher Rechtsauffassungen (egal, ob berechtigt oder nicht) als persönliche Kränkung. Der Grund für die querulatorische Entwicklung ist dabei regelmäßig ein tatsächlich erlittenes Unrecht.[123] Querulanten gehen leicht von der Klage zur Tat über, bringen Streitfragen vor Gericht, strengen immer neue Prozesse an und gehen eventuell, wenn auch eher selten, zu tätlichen Angriffen über. Ein typisches Beispiel für einen geringen Anlass zum Streit ist die exakte Grenzziehung zwischen zwei Grundstücken. Der Rechtsquerulant ist in besonderer Weise von einem Freund-Feind- Schema geprägt, in das er Menschen einsortiert. Diese Wahrnehmung nimmt meist im Alter nicht ab, sondern setzt sich fort. Wenn ein Rechtsquerulant aufbraust, lässt er den sog. „Hass-Effekt“ erkennen: hochroter Kopf, übermäßige Lautstärke, Verwendung von Beschimpfungen und Beleidigungen, aggressives Auftreten

122 Vgl. Dietrich 1997, S. 45.

123 Vgl. Dietrich a. a. O.

(z. B. zu nahe an Person herantreten, Drohgebärden, etc.). Diese Form geht häufiger mit einem narzisstischen Rechtsempfinden einher.[124] Tatsächlich passt diese Art des Querulantentums auch sehr gut auf Reichsbürger, die auf eigene Rechte pochen (siehe Kapitel XV).

b) Karrierequerulanten

Während der Rechtsquerulant mangelnde rechtliche Erfolge als Antrieb empfindet, fehlt dem Karrierequerulanten der empfundene Erfolg und die Wertschätzung im Beruf. Laut *Dietrich* sind Karrierequerulanten vor allem unter Beamten und im öffentlichen Dienst vertreten.[125] Karrierequerulanten sind hauptsächlich an ihrem Arbeitsplatz oder in ihrer Behörde aktiv. Sie fühlen sich von den Vorgesetzten benachteiligt und glauben, schlechter beurteilt und absichtlich in ihrer Karriere beeinträchtigt zu werden. Die betreffende Person steigert sich derart in diese Vorstellung, dass sie alltägliche Situationen, wie das Lob eines Kollegen oder eine Kritik vom Vorgesetzten als Bestätigung für die wahrgenommene Benachteiligung erkennt. Generell treten sie kontrollierter als Rechtsquerulanten auf, sie sind weniger aufbrausend. Sie empfinden sich als Opfer von Mobbing[126] und Intrigen und neigen z. T. selbst zu ausgrenzendem Verhalten und zur Nachrede unter Kollegen. Sie meiden regelmäßig die direkte Konfrontation und stauen häufig viel Frust auf, der zu Missstimmungen, Trägheit, Versagenszuständen führt und sogar in Arbeitsunfähigkeit münden kann.[127] Diese Art des Querulierens kann sich mit dem Alter verflüchtigen und ganz abgolegt werden, sobald die berufliche Tätigkeit beendet ist.

c) Altruistische Querulanten

Altruistische Querulanten kämpfen für andere Personen und nicht für ihre eigenen Angelegenheiten. Das macht sie weniger einfach als Querulant ersichtlich. Solche Personen gefallen sich in der Rolle einer *Jeanne d'Arc*.

124 Vgl. Dietrich a. a. O.

125 Vgl. Dietrich 1997, S. 51.

126 Mobbing bezieht sich in der Definition nach Dan Olweus auf Schüler und bezeichnet „Handlungen negativer Art, die vorsätzlich durch einen oder mehrere Personen gegen eine Mitschülerin oder einen Mitschüler gerichtet sind. Mobbing kommt über einen längeren Zeitraum vor. Mobbing erfordert, dass zwischen dem Opfer und dem Täter (oder der Gruppe von Tätern) ein Ungleichgewicht der Kräfte herrscht, das sich auf körperliche oder psychische Stärke beziehen kann.“, Olweus 2008, S. 16. Das bedeutet, dass eine Auseinandersetzung zwischen zwei Personen kein Mobbing darstellt.

127 Vgl. Dietrich 1997, S. 52 f.

Sich selbst als eine Art „sozialen Anwalt“ betrachtend, sehen sie in dieser Funktion die Rechtfertigung für ein mitunter sehr aggressives Auftreten. Dabei besitzen sie keine Interprojektion mit den Personen, für die sie sich einsetzen, sondern es geht ihnen ums Prinzip. Auch diese Personen querulieren aus eigenem Antrieb heraus, denn häufig nutzen sie Streitigkeiten anderer Personen, um eigene Konflikt auszutragen und persönliche Vorstellungen durchzusetzen. Altruistische Querulanten weisen nicht selten fanatische Charakterzüge auf: für ein vermeintlich gutes Ziel (z. B. Beförderung einer Kollegin, Anerkennung der Arbeitsleistung eines Kollegen oder auch Verbesserungen für die Abteilung) überschreiten sie mitunter Grenzen und eigene Kompetenzen. Da es augenscheinlich „um die Sache geht“ können altruistische Querulanten das Vertrauensverhältnis zwischen Vorgesetzten und Mitarbeitern konterkarieren, zudem sorgen sie für ein schlechtes Arbeitsklima. Da die Art und Weise, wie sie sich für eine Person einsetzen, oftmals auch dieser selbst unangenehmen ist, sind sie nicht selten sozial weniger eingebunden und eher der Typ „einsamer Wolf“.

d) Kollektiv-Querulanten

Der Kollektiv-Querulant hat Ähnlichkeiten mit dem altruistischen Querulanten. Er benötigt jedoch die Gruppe und deren additives „Über-Ich“ als Antrieb. Kollektiv- Querulanten brauchen die Personenmehrheit, in der sie sich engagieren, um zu querulieren.[128] Das additive Über-Ich einer Gruppe wird zur persönlichen Identifikation. Solche Personen finden sich vermehrt in Protestgruppen, sozialen und politischen Bewegungen, in Haus-Besetzer-Szenen sowie in Gewerkschaften und Personalvertretungen. Der Gruppenzweck bildet dabei die Basis für Bestätigung und den rechtfertigenden Rückhalt. Der Kollektiv-Querulant ist ebenso wie der Rechtsquerulant sehr stark von einem Freund-Feind-Schema geprägt und geht Aufeinandertreffen häufig direkt mit einer Anti-Haltung an. Innerhalb einer Personenmehrheit fördern zudem gruppendynamische Prozesse eine Affekt-Kumulation. Damit fühlt sich ein Querulant einerseits bestätigt, sieht aber andererseits stets Steigerungsbedarf und beeinflusst gleichzeitig wiederum die Gruppe. Kollektiv-Querulanten besitzen z. T. zusätzlich einen narzisstischen Charakterzug. Abgrenzen sollte man sie von Fanatikern, die aufgrund der persönlichen Überzeugung tatsächlich für eine Sache kämpfen (wenn auch mit unverhältnismäßigen Mitteln) und sich mit Haut und Haaren einer Sache verschreiben.

128 Vgl. Dietrich 1997, S. 81.

e) Ehequerulanten

Sogenannte Ehequerulanten begreifen die Institution als patriarchalische Erscheinungsform des Zusammenlebens. Zentral ist dabei die persönliche Sichtweise über die Ehe und angesehene Pflichten des Partners. Wie beim Rechtsquerulanten geht es um „Recht haben". Besonders häufig kommt es zu ungerechtfertigtem Misstrauen gegenüber der sexuellen Treue des Ehe- oder Sexualpartners. Empfundene Frustration aufgrund vermeintlicher Fehltritte des Partners verursachen Eifersucht und münden in Besitzansprüche, Rachegedanken und Depressionen.[129] Bei den Querulantentypen sind geschlechtsspezifische Unterschiede erkennbar. Ehe-Querulantinnen beispielsweise kämpfen für die Unauflöslichkeit und um die Herrschaft in der Ehe. Männliche Ehe-Querulanten haben einen verstärkten Hang zu häuslicher Gewalt. Kommt es zu einer Trennung, neigen vor allem Männer zu Ex-Partner-Stalking.

f) Haftquerulanten

Haft-Querulanten leben im Bewusstsein, von der Justiz falsch oder zu hart angepackt worden zu sein und kämpfen deshalb in der Haft um Privilegien, Lockerungen oder frühzeitige Entlassung.[130] Dabei handelt es sich nicht zuletzt um Strategien zur Bewältigung des Verlustes der persönlichen (Bewegungs-)Freiheit und der massiven Einschnitte in die Privatsphäre. Haftsituationen sind psychisch hochgradig belastend und wirken sich auf Menschen in Haft ganz unterschiedlich aus. Als Kompensation in der Un-Freiheit zu querulieren ist verhältnismäßig häufig zu beobachten. Einige Entlassene übernehmen die querulatorischen Verhaltensweisen in die Zeit nach der Haft, solche zeigen sich dann z. B. in Jobcentern, Übergangswohnheimen, etc.

3. Generelle Merkmale und Verhaltensweisen von Querulanten

Das Unangenehme an Querulanten ist, dass sie meist beratungsresistent und von ihren Vorstellungen kaum abzubringen sind. Inhaltliche Diskussionen sind deshalb wenig zielführend und könnten die aufsässige Haltung

129 Vgl. Dietrich 1997, S. 71.
130 Vgl. Dietrich 1997, S. 74.

noch verstärken. Mitunter können solche Personen aggressiv werden. Als gängige Verhaltensweisen im Alltag sind zu nennen:

- nörgeln
- anprangern
- blockieren
- beleidigt sein
- alles persönlich nehmen
- Feindbilder identifizieren
- stur bleiben
- ständiges Wiederholen von Vorwürfen ohne auf Reaktionen einzugehen
- logischen Argumenten nicht zugänglich sein
- unangemessenes Angriffsverhalten.

4. Möglichkeiten und Grenzen im Umgang

Grundsätzlich gilt bei allen querulatorischen Typen, dass sie eine eigene Realität besitzen. Auch wenn die nicht den Tatsachen entspricht, kann sie ein anderer Mensch nicht ändern. Akzeptieren Sie stattdessen, dass er oder sie eine andere Wahrnehmung hat und konzentrieren Sie sich mehr auf die eigene Stressregulation. Versuchen Sie aber, das Bedürfnis zu identifizieren, das hinter den Nörgeleien und (verbalen) Attacken steckt:

- Was braucht solch ein Mensch?
- Fehlt es ihm an Anerkennung?
- Braucht er Beachtung?

Natürlich kann man eine querulatorische Person nicht noch für ihr negatives Verhalten belohnen. Aber wenn sie etwas macht oder sagt, das tatsächlich lobenswert ist und Sie das aufrichtig als löblich empfinden, dann zeigen Sie ihr dafür ruhig Anerkennung. Versuchen Sie zu verstehen, welche Kränkung hinter dem Verhalten der Person stehen könnte. Das dämpft auch Ihre Wut darüber. Gleichzeitig ziehen Sie bitte klare Grenzen. Beleidigungen, Drohungen, Erpressungen etc. werden nicht akzeptiert. Zeigt eine querulatorische Person derartige Verhaltensweisen, erklären Sie, dass Sie auf diese Art und Weise nicht mit ihm verhandeln werden. Eine Diskussion ist dann abzubrechen. Beziehen Sie sich dann auch nicht mehr auf Inhalte, in solchen emotionalen Zuständen lassen sich die ohnehin nicht klären. Bei Rechtsquerulanten bietet sich auch die Beschreitung des Rechtsweges an, dies wird den damit befassten Juristen zwar weniger gefallen, es hilft jedoch bei der Abgrenzung und Verlagerung des „Schlachtfeldes“. Offizielle und private Gesprächspartner eines Querulanten sollten zwar klar und verbindlich auftreten, jedoch nie selbst rechthaberisch und verbissen wirken. Hilfreich kann sein, lieber Fragen zu stellen, statt Anweisungen zu geben. Zudem sind wenig Sachverhalte und kurze, klare Sätze hilfreich, um Missverständnissen vorzubeugen. Sofern es machbar ist, versuchen Sie eine fürsorgliche Haltung einzunehmen, um den Stress zu reduzieren und weniger Angriffsfläche zu bieten (gerade bei Kollektiv- Querulanten).

5. Aggressionspotential von Querulanten

Wer sich im Recht und deswegen ständig ungerecht behandelt fühlt, befindet sich im permanenten Stress. Diesen mit Aggressionen auszuleben, kann als Ausgleich für Querulanten empfunden werden.[131]

Generell sind Konfrontationen vor Publikum möglichst zu vermeiden. Zuschauer könnten eine zusätzliche und unerwünschte Dynamik in einen Disput bringen. Beide Seiten sollten trotz Konfrontation die Möglichkeit haben, ihr Gesicht zu wahren. Sagen Sie dem Querulanten möglichst nicht, dass er ein Querulant ist. Auch wenn dies eine Feststellung sein mag, ist es für den Angesprochenen immer einer Beleidigung (umso mehr, wenn er das öfter hört und nicht einsehen kann). Im Falle einer handfesten psychischen Störung benötigt der querulatorische Mensch eine Behandlung und möglicherweise eine Medikation (z. B. atypische Neuroleptika in niedriger Dosierung). In diesem Fall und bei fremdgefährdender Aggression sind entsprechende Instanzen einzuschalten.

6. Zusammenfassung

- Querulanten treten sowohl im Kollegenkreis, als auch im behördlichen Gegenüber auf.
- Der Umgang mit ihnen ist in erster Linie anstrengend.
- Der Hang zur Aggressivität kann verstärkt sein.
- Regelmäßig sprechen Querulanten gut darauf an, wenn sie das Gefühl haben, mit ihren Befindlichkeiten ernst genommen zu werden.
- Gleichzeitig dürfen sie nicht in ihren Vorstellungen bestärkt werden, wenn diese nicht den Tatsachen entsprechen.
- Es ist hilfreich, die zugrundeliegenden Ursachen der querulatorischen Entwicklungen in Erfahrung zu bringen.

131 Vgl. Dietrich 1973, S. 41.

IX. Prävention Terror und Amok

Amoktaten werden von religiös motivierten Selbstmordattentaten unterschieden. Der Begriff bezeichnet zunächst „nicht materiell-kriminell motivierte, tateinheitliche, mindestens in selbstmörderischer Absicht durchgeführte, auf den unfreiwilligen Tod mehrerer Menschen zielende plötzliche Angriffe".[132] Häufig geht es dabei um eine psychische Extremsituation, aus der heraus es zu einer „willkürlichen, anscheinend nicht provozierten Episode mörderischen oder erheblich (fremd-)zerstörerischen Verhaltens kommt." Doch mittlerweile wird Amok nicht ausschließlich für spontane, sondern auch geplante Taten verwandt.[133]

Für den akuten polizeilichen Einsatz einer Großlage ist nur dann eine Unterscheidung zwischen Amok und Terror relevant, wenn die Einsatzkonzepte Unterscheidungen aufweisen (z. B. wegen kalkulierter Gefahr von Sprengfallen bei einem terroristischen Attentat). Für die Ermittlungen zum Hintergrund und der Untersuchung, ob möglicherweise Netzwerke bestehen, sind diese Unterscheidungen jedoch relevant.

1. Terroristische Anschläge

Terroristische Gefahren erfolgreich abwehren zu können, bedeutet auch und vor allem, Attentäter identifizieren zu können, bevor sie losschlagen oder ihrer schnell habhaft zu werden, wenn sie ihr Attentat durchführen konnten, ohne sich dabei als Selbstmordattentäter zu eliminieren. Nach statistisch ermittelten Angaben von Attentätern können lediglich folgende Aussagen getroffen werden: Attentäter sind größtenteils junge Männer zwischen 16 und 25 Jahren.[134]

Statistische Daten müssen indessen hinterfragt werden. Während diese von eher jungen, männlichen Attentätern ausgehen, zeigen die Entwicklungen der letzten Jahre, dass auch Kinder, Frauen (z. B. Safia S., zur Tatzeit 15 Jahre) und ältere Menschen (z. B. Youssef Abu Ghazaleh, der sich in Syrien für den IS in die Luft sprengte[135]) als Täter in Betracht gezogen werden

132 Ausschlaggebend sei der aggressive Bewegungsdrang, der sich je nach Wahl der eingesetzten Waffe, die Typisierung bestimmt (Amokschütze/Amokfahrer), vgl. Wirth 2011, S. 21.

133 Vgl. Scheithauer/Bondü 2008 S. 63 ff.

134 Vgl. Peil 2016, S. 104.

135 Gazaleh radikalisierte sich im Umfeld von *Milatu Ibrahim*, einer salafistischen Vereinigung (benannt nach Koransuren 2, Vers 130 und 4, Vers 125), die 2012 in Deutschland verboten wurde (zu den Vereinsverboten: vgl. BMI Bund [Hrsg.], ohne Datumsangabe).

müssen. Solche bezeichnet man auch als *stereotyp-inkongruente* Attentäter,[136] die in der Risikobetrachtung terroristischer Anschläge in Deutschland und Europa unbedingt beachtet werden müssen. So können auch Frauen mit Kindern, scheinbar Schwangere oder Frauen mit Babywagen Attentäterinnen sein. Sogar eine ganze Familie könnte als Attentäter-Gemeinschaft in Erscheinung treten. Dieser Umstand erschwert die Gefährdungseinschätzung massiv. Potentielle Gefahrensituationen liegen somit stets im Spannungsfeld zwischen den Fehlerpolen der Über- und der Unterbewertung (Verharmlosen/Nicht-Erkennen von Gefahr vs. Einschätzung harmloser Situationen/Akteure als gefährlich).[137]

	Ziel Attentäter	**Indikatoren**
Vortatphase	– Planung – Beste Bedingungen schaffen – Besorgungen notw. Materialien	– Art von Materialienbeschaffung (Chemikalien, Baumaterialien, etc.) – Finanzierung und Geldtransfers, hohe Bargeldbestände – Erkunden der Anschlagsplätze (ggf. analog Ausspähen bei WED) – Warnverhalten (Anspielungen/Drohungen)
Tatphase	– Richtige Position – Richtiges Timing/richtiger Ablauf – Richtiges Auftreten – Richtige Pose – Attentäter möchte vor Tat unentdeckt bleiben – Definiertes Anschlagsziel	– Auffällige Kleidung (z. B. dicke Jacke, dünne Beine?); gepflegtes Äußeres – Nervosität (Todesangst) – Übersprungshandlungen (Greifen an Haar, Hals, ins Gesicht, etc.) – Wirkung, Person sei „gesteuert" – Überkorrektes, angepasstes Verhalten – Mögliche Fixierung auf Zielobjekt
Nachtatphase	– Je nach Bestimmung (Selbstmordattentat oder nicht?) – Kommunikation (ggf. vorbereitet durch Täter/ggf. durch Kollektiv)	– Flucht (Fluchtmittel/Helfer) – Flucht von Helfern/Bewegung in der Szene

Tabelle: eigene Zusammenstellung

136 Heubrock, in: Kriminalistik 5/2017, S. 304.

137 Vgl. Füllgrabe, in: Magazin für die Polizei, 34. Jahrgang, Nr. 325, Mai 2003, S. 9.

Die **Vortatphase** ist regelmäßig gekennzeichnet von sogenanntem *Warnverhalten.*[138] Auch kommunizieren terroristische Akteure im Vorfeld häufig ihre Taten.[139] Dies ist auch nicht weiter verwunderlich, denn es ist aus ihrer Sicht eine Heldentat und regelmäßig das wichtigste Werk ihres Lebens. In diesem Zusammenhang könnte die Selbst-Inszenierung einer Person auffallen, die sich beispielsweise als Held, Krieger oder Märtyrer stilisiert (dies möglicherweise in sozialen Netzwerken). Die Affinität oder Identifizierung mit anderen Attentätern kann in diesem Zusammenhang auftreten und sich als regelrechte Heldenverehrung von Attentätern und Gewalttätern äußern.[140] In der Vortatphase können zudem konkrete Vorbereitungshandlungen ersichtlich werden, wie z. B. Materialbeschaffung für einen Anschlag, Ausspionieren potentieller Anschlagsorte oder das Horten von Waffen und chemischen Mitteln, die zur Herstellung von Bomben geeignet sind.

Sich in der **Tatphase** alleine auf beispielsweise nervös wirkende Verhaltensweisen zu fokussieren, kann irreführend sein. Es ist wahrscheinlich, dass sich Verhaltensweisen zwischen Attentätern, die nach der Tat flüchten wollen und solchen, die sich während oder unmittelbar nach der Tat selbst töten wollen, unterscheiden. Selbstmordattentäter begreifen ihren Tod möglicherweise als eine altruistische Tat, bzw. als Opfersuizid, da sie sie im Dienste einer „höheren Sache" verstehen.[141] Dies kann bedeuten, dass die Attentäter vor der Tat nicht nur beten, sondern auch Gesten im Gebet zeigen, die ihre Opfergabe anzeigen sollen. Wie sich ein Selbstmordattentäter vor der Tat verabschiedet, ist völlig individuell. Um Attentäter vor Tatbegehungen identifizieren zu können, bedarf es der Schulung der eigenen Beobachtungsgabe.[142] Tatsächlich zeigt sich, dass gerade erfahrene Personenschützer häufig intuitiv (re-)agieren und damit auch richtig in ihrer Einschätzung liegen; sie basiert auf Expertise und Erfahrung.[143] Die vorangestellten Systematiken müssen auf die jeweiligen Umstände angepasst werden. Gerieten zu Zeiten der RAF vor allem Pärchen im Alter von Mitte 20 bis Mitte 30 schnell

---

138 Zum Warnverhalten (warning behaviors) vgl. Guldimann/Hoffmann/Meloy, in: Hoffmann/Roshdi/Rohr 2013, S. 115 ff.

139 Das Zeigen von Warnverhalten gibt die Möglichkeit zur Erkennung und wird entsprechend auch als *Leakage* (Leck-Effekt) bezeichnet, vgl. Hoffmann, in: Böckler/Hoffmann 2017, S. 290.

140 Vgl. Hoffmann, in: Böckler/Hoffmann 2017, S. 291.

141 Wedler, in: Wolfersdorf/Wedler (Hrsg.) 2002, S. 44 ff.

142 Beispielsweise mit Methoden des *Priming* kann diese trainiert werden. Dabei wird die Reizverarbeitung (Kognition) so beeinflusst, dass ein Reiz mit Gedächtnisinhalten verbunden wird. Diese Aktivierung solcher speziellen Assoziationen erfolgt dann auch unbewusst, vgl. Molden, in: Social Cognition, Vol. 32, Special Issue, 2014, S. 1 ff.

143 Böttcher 2015, S. 27, 54.

in Verdacht,[144] sind es heute und in Zeiten allgemeiner Gefährdung durch islamistischen Terrorismus vor allem junge Männer im Alter zwischen 17 und 25 Jahren aus sozial unterschichtigen Milieus.[145] Attentäter mit islamistischem Hintergrund stammen vor allem aus dem muslimischen Kulturkreis. Entsprechend intensiv gestaltet sich die Debatte um das gesetzeswidrige *Ethnic-* oder *Racial Profiling*, weil Merkmale der Herkunft und Religiosität keine Rastermerkmale sein dürfen.[146] Dies gilt nicht nur in Deutschland, sondern in vielen weiteren Ländern.[147]

2. Amok

Amok wird im DSM-IV in den Rubriken Dissoziative Störungen und Störungen der Impulskontrolle aufgeführt, im Glossar kulturabhängiger Syndrome wird Amok als „eine dissoziative Episode, die durch eine Periode des Grübelns charakterisiert ist, auf die ein Ausbruch gewalttätigen, aggressiven oder menschengefährdenden Verhaltens folgt, das sich auf Personen und Objekte richtet“ definiert. Ähnlich sieht die Weltgesundheitsorganisation (WHO) Amok als kulturspezifische psychische Störung. Im Gegensatz zum DSM-IV empfiehlt das ICD-10 die Einordnung des Amoks in das bestehende System unter Persönlichkeits- und Verhaltensstörungen. Amok wird im Anhang II zum ICD-10 (Forschung und Praxis) für Indonesien und Malaysia aufgeführt und wie folgt beschrieben: „Eine willkürliche, anscheinend nicht provozierte Episode mörderischen oder erheblich destruktiven Verhaltens, gefolgt von Amnesie oder Erschöpfung. Viele Episoden gipfeln im Suizid“.[148]

Die Angst vor und das Entsetzen über unvorhersehbare Gewalttaten sind nicht selten für die Täter Bestätigung und Anerkennung. In dieser Hinsicht gleichen sich die Motive von Amokläufen und extremistischen Attentätern, die Anschläge im öffentlichen Raum begehen. Der Schrecken und die nach-

144 Bei Kontrollen wurde besonderes Augenmerk auf Fälschungsmerkmale in den Ausweisdokumenten, Stempel, die aus Einbrüchen in Bürgerbüros entwendet wurden, aber vor allem auch auf gefälschte Kfz-Kennzeichen gelegt.

145 Vgl. Heubrock/Kindermann/Palkies/Röhrs, in: Polizei & Wissenschaft 2/2009, S. 7.

146 Daraus leitet sich auch ein Verbot ab, entsprechende Merkmale eines Täterprofiles als Grundlage einer präventiven Rasterfahndung heranzuziehen, vgl. Dienstbühl/Dittert, in: Forum Sicherheitspolitik 3/2009, S. 6 ff.

147 Beispielsweise in den USA wurde racial profiling im Jahr 2002 vom Präsidenten George W. Bush offiziell verboten.

148 Vgl. Braun 2017, S. 50; Suizidalität ist derweil keine psychische Erkrankung, sondern die krisenhafte Zuspitzung einer krankhaften Entwicklung, die sich über wenige Wochen bis hin zu mehreren Monaten und Jahren erstrecken kann vgl. Horn, in: Notfall + Rettungsmedizin 6/2001, S. 491.

haltig erzeugte Angst der Bevölkerung empfinden die Täter gleichermaßen als Sieg für ihre Überzeugung. Das öffentliche Entsetzen und Unverständnis über besonders gewalttätige Straftaten eröffnet so genannten Trittbrettfahrern eine Machtposition und Popularität, die sie durch ihre Gewalttat erreichen können.

Fragen zur Ursache eines Amoks müssen zunächst zwischen Motiv und Auslöser unterscheiden und in jedem Fall die Täterpersönlichkeit als zentralen Aspekt miteinbeziehen. Familiäre Probleme als Auslöser von Amokläufen an Schulen werden zwar in der öffentlichen Debatte häufig geäußert, können anhand der bekannten Sachverhalte und auch der hier vorliegenden Fälle nicht verifiziert werden, ebenso wenig wie die Annahme, die Täter kämen aus sozialen Brennpunkten. Nicht selten stammen sie aus gutsituierten Verhältnissen.[149] Eine zuvor empfundene Erniedrigung könnte ein Auslöser für die Tat sein. Im Falle Steinhäuser ist bekannt, dass der Verweis von seiner Schule aufgrund einer von ihm begangenen Urkundenfälschung das Ereignis war, welche zur konkreten Tatplanung geführt hat. Auch in anderen Fällen könnten es solche, als erniedrigend empfundene Erlebnisse gewesen sein, die die Täter zur Waffe haben greifen lassen.

Amokläufe und vor allem der Tod der Opfer wirken auf die Gesellschaft sinnlos und sind nicht nachvollziehbar. Besonders erschreckend ist die Vorstellung von sehr jungen Tätern, die ein Massaker genau planen und sich auf ihre Tat vorbereiten. Die Frage, worin die Täter den Sinn im nahezu wahllosen Morden sehen, ist schwer zu beantworten, zumal geläufige Erklärungsmuster nicht ausreichen, um die Motivation der Täter zu erklären. Somit gelangen alle Ansätze und Untersuchungen an die Grenze des Erklärbaren, die damit enden, dass ein Täter aus „Hass“ gehandelt haben muss. Der Psychologe *Erich Fromm* unterteilt Hass in zwei Formen: Reaktiver Hass sei eine Art Verteidigungsmechanismus, der nur dann bei einem zur Liebe fähigen Menschen einsetzt, wenn sein Leben bedroht ist. Charakterbedingter Hass zeuge hingegen von einer feindseligen Grundeinstellung, die je nach aktuellem Anlass aktiviert und sich in spontan aggressivem Verhalten äußern würden.[150] Dies beantwortet die Frage des „Warum?“ jedoch nur ansatzweise. Insbesondere die Täter der *Columbine Highschool* und der Albertville Realschule in *Winnenden* wiesen für ihre Wahnsinnstat keine spezifischen Motive auf, erklärten lediglich, Hass auf alle möglichen Gegebenheiten und auf andere Menschen zu verspüren. Hass wurde somit von den Tätern konstruiert, um dadurch gleichzeitig Grund und Antrieb für die

149 Häufig auch aus einem „vollständigen“ Elternhaus, vgl. Scheithauer/Bondü 2009, S. 45.

150 Vgl. Fromm 2003, S. 91 f.

tatsächliche Umsetzung der Massaker-Phantasien zu finden; nicht selten stellt der Mehrfachmord das Lebenswerk der Amoktäter dar.

Amoktaten werden gewöhnlich unter Mehrfachtötungen/Massenmorde subsumiert. Man kann sie weiterhin in drei Formen unterscheiden:

a. Der „klassische" Amoklauf

Ein erwachsener Mensch tötet, häufig an einem öffentlichen Platz oder einen allgemein zugänglichen Raum (z. B. Behörden, Geschäfte, Arztpraxen, etc.), zunächst ohne erkennbaren Grund wahllos Personen.

> ***Beispiele:***
>
> *Im März 1994 zündet ein wegen Körperverletzung an seiner Freundin angeklagter Mann einen Sprengsatz im Gerichtssaal Euskirchen und tötet damit und mit einer Schusswaffe die Frau und fünf weitere Menschen, sechs weitere verletzt er schwer.*[151]

b. School Shootings

Insbesondere School-Shootings sind glücklicherweise Seltenheiten. In Deutschland gab es drei School Shootings, die mehrere Opfer gefordert hatten. Der Schock der Menschen im In- und Ausland, das Interesse der Medien und der Öffentlichkeit waren beispiellos und führten mitunter zu politischen Konsequenzen.[152] Solche Taten werden mehrheitlich von Jugendlichen oder jungen Menschen bis 25 Jahren an ihrer (ehemaligen) Schule oder Hochschule verübt. Diese Taten erfolgen regelmäßig nicht spontan, sondern sind geplant.

> ***Beispiele***
>
> *sind die Amokläufe von Erfurt, Emsdetten und Winnenden. Den bis heute opferreichsten Amoklauf mit 17 Toten verübte Robert S. 2002 in Erfurt. In Emsdetten starb 2006 der Amokläufer Sebastian „Bastian" B., nachdem er mehrere Menschen zum Teil schwer verletzt hatte, durch Suizid. 2009 erfolgte der Amoklauf in Winnenden, bei dem 15 Menschen und der Täter, der 17-jährige Tim K., starben. Alle drei Amokläufer waren ehemalige Schüler.*

c. Workplace Violence

Ähnlich wie bei School Shootings handelt es sich regelmäßig um geplante Taten, allerdings von erwachsenen Menschen an ihrem (ehemaligen)

---

151 Vgl. Scheithauer/Bondü 2008, S. 24.

152 Die Änderungen des Waffengesetzes vom 11. Oktober 2002 und vom 17. Juli 2009 sind entscheidend auf die Amokläufe in Erfurt 2002 und Winnenden 2009 zurückzuführen.

Arbeitsplatz. Aufgrund des häufigen Aufkommens von Amok von Angestellten der Post in den USA prägte sich für dieses Phänomen der Begriff *„going postal"*.

> ***Beispiel:***
>
> *Im Oktober 2012 lief ein Mitarbeiter in einer Fabrik in Hilden Amok. Vier Personen wurden zum Teil schwer verletzt, der Mann erschoss sich anschließend selbst.*[153]

Generell können Amoktaten in nachfolgende Phasen[154] unterteilt werden, die jedoch keinen Anspruch auf Allgemeingültigkeit bei jedem Fall von Amok besitzen. Sie sind aber geeignet, Wesen und Prozess des Amoklaufes verständlich zu beschreiben.

1. **Phase: <u>Das Vorstadium</u> (auch Prodromal-Stadium)**
   Der Gefährder ist in einer depressiven Verfassung (leichte bis mittlere Depression[155]), missgestimmt und negativ eingestellt. Hinzu kommen weitere Ereignisse, die als erniedrigend, demütigend usw. empfunden werden können. Das müssen keine gravierenden Vorfälle wie die Exmatrikulation oder dergleichen sein, es reicht aus, dass das Ereignis so bewertet wird, dass das Ansehen beschädigt sei (beispielsweise falsche Antwort im Unterricht geben und entsprechende Rückmeldung erhalten). Einige Personen ziehen sich dann zurück, was eine soziale Isolation zur Folge haben kann. Zentral sind in dieser Phase das Empfinden von Missgeschicken und das Grübeln über Ursachen, die Schuldzuweisungen und Rachegedanken auslösen können. Gewalt (auch autoaggressive) wird zur Option.
2. **Phase: <u>Homizidaler Ausbruch</u>**
   Der Gefährder wird zum Gewalttäter. Geschieht dies als relativ spontane Reaktion (z. B. Tötung von fremden Personen im Straßenverkehr wegen Stau oder Wegnahme der Vorfahrt), handelt es sich um den völligen Verlust der Impulskontrolle. Es wird davon ausgegangen, dass der Amokläufer nun kaum ansprechbar ist und in einem Tunnelblick unter völligem Adrenalinrausch tötet.

---

153 Vgl. www.express.de/news/2-opfer-in-lebensgefahr-amoklauf-in-firma--3 m-angestellter--37--feuerte-auf-kollegen-5331356 (Stand: 20. Februar 2020).

154 Vgl. Scheithauer/Bondü 2008, S. 74 ff.

155 Anmerkung. Nach weitläufiger Ansicht sind es Personen mit schweren Depressionen, die Suizid oder Gewalt an anderen Menschen begehen. Dies ist ein Irrglaube, denn tatsächlich ist eine Person, bei der schwere Depressionen diagnostiziert werden, nicht mehr in der Lage solche Taten auszuführen. Schwere Depressionen führen zu völliger Antriebs- und Kraftlosigkeit.

3. **Phase: Fortführung der homizidalen Handlung**
   Der in Phase zwei begangene Gewaltausbruch wird fortgesetzt, der Täter/die Täterin bewegt sich fort und mordet weiter, möglicherweise verbarrikadiert er/sie sich, nimmt Geiseln und/oder verlegt den Tatort an eine weitere Stelle. Dieser Zustand kann dann nur noch durch völlige Erschöpfung, Tötung, Selbsttötung oder Überwältigung des Täters beendet werden.
4. **Stadium: Amnesie**
   Überlebt der Täter/die Täterin, kann er/sie in einen Zustand der Amnesie verfallen und sich möglicherweise zunächst an die Tat nicht erinnern. Dies stellt eine absolute Erschöpfungserscheinung dar, die in einen schlafähnlichen Zustand und/oder völlige körperliche und seelische Erstarrung münden kann. Auch depressive Verstimmungen und das Leugnen der Tat sind im Anschluss möglich.[156]

3. Bedrohungsmanagement

Die Zunahme von Amoktaten gerade in der jüngeren Vergangenheit zeigt, dass Personen in psychischen Ausnahmesituationen bereit und in der Lage sind, mittels Waffen, Sprengmitteln, gefährlichen Werkzeugen oder sonstiger außergewöhnlicher Gewaltanwendung Personen ziellos oder systematisch zu schädigen und dabei fortgesetzt handeln oder dies zumindest versuchen.

Dabei ist es unerheblich, ob sich die Aggression gegen die Behörde als Institution oder gegen Beschäftigte direkt richtet. Rechtzeitiges Erkennen und entsprechende Reaktionen zur Eigensicherung derartiger Gefahren bzw. Lagen kann deshalb Leben retten oder vor schweren gesundheitlichen Schäden bewahren. Auswertungen haben gezeigt, dass 90 % von Amokläufen an der Arbeits- oder Wirkungsstätte geplant wurden.[157]

Jede Amoklage entwickelt eine eigene Dynamik, weshalb hier nur allgemeine Verhaltenshinweise gegeben werden können, die zum einen darauf zielen, die persönliche Verhaltenssicherheit zu erhöhen, und zum anderen helfen sollen, durch allgemeine Verhaltensregeln den Schaden zu begrenzen und die schnellstmögliche Lagebewältigung zu gewährleisten.

156 Die Mehrfachtötung von München am OEZ 2016 wurde nachträglich als Terroranschlag klassifiziert. Tatsächlich zeigte der Täter alle Verhaltensweisen eines Amokläufers auf. Ein Handyvideo, dass ihn im Gespräch mit einem Mann zeigt, der ihn vom Balkon aus anschreit, deutet auf eben diese vierte Phase der Amnesie hin, als er dadurch für einen Moment aus seinen Tötungsrausch gerissen wurde. Auch war der Täter ein früheres Mobbingopfer, der sich nach seinem Bekenntnis mit der Tat an den Personen rächen wollte, die er mit diesen Personen in Verbindung brachte. Zur Schwierigkeit der Unterscheidung von Amok und Terror vgl. Dienstbühl, in: Die Kriminalpolizei 1/2017, S. 4–7; Dienstbühl 2019, S. 85 ff.

157 Vgl. Hoffmann/Döllitsch, in: Hoffmann/Roshdi 2015, S. 98.

a) Sicherungstechnik, Vorkehrungen und Alarmierung

Polizeiliche Hinweise für Sicherungstechnik für Schulen und öffentliche Gebäude sind auch in Hinblick auf Amok relativ allgemein: Gute Beleuchtung und Beschilderung für Fluchtwege, insbesondere auch für eine schnelle Intervention durch Polizei und Rettungsdienste. Unterrichts- und Büroräume sollten von innen abschließbar sein. Videotechnik wird generell ebenfalls empfohlen, allerdings muss die präventive Wirkung hinterfragt bzw. Erwartungen daran möglicherweise reduziert werden. Videoüberwachung könnte einen potentiellen Amokläufer bei Tatvorbereitungen (Ausspähen, Überprüfen von Alarmsystemen, etc.) unter Umständen stören. Von einer generell abschreckenden Wirkung sollte indes nicht ausgegangen werden. Für Ermittlungsanalysen und die Rekonstruktion der Tat hingegen sind sie freilich zielführend. Die Abwägung zur Installation unterliegt gesetzlichen Vorgaben. Als weitere Maßnahme werden vor allem nach Amoktaten Metalldetektoren diskutiert, diese sind jedoch äußerst umstritten. Aufgrund einer solchen sehr gegenwärtigen und sichtbaren Sicherungsmaßnahme sind kollektive Angst und Verunsicherung von Studierenden ebenso möglich wie die Herausforderung potentieller Täter („Ort der Angst").

Wichtig ist, dass alle Mitarbeiter mit den Fluchtwegen vertraut sind. Es bietet sich an, die Polizei zu einem Präventionstermin in die Behörde zu bitten und mit ihr die Möglichkeiten vor Ort abzustimmen; halten Sie hierzu die Baupläne bereit (für gewöhnlich liegen diese der Feuerwehr vor und werden in einer entsprechenden Einsatzlage der Polizei übermittelt).

Viele Behörden haben bereits ein Alarmierungssystem für Amokläufe, zu dem es explizite Handlungsanweisungen gibt. Bereits bei der Planung und Installation einer Alarmierungsanlage und entsprechender Auslösestellen muss gewährleistet sein, dass Anlage und Auslösestellen jederzeit funktionsfähig und gegen Manipulationsversuche sowie Vandalismus gesichert sind. Zudem muss sichergestellt sein, dass eine Alarmierungseinrichtung (z.B. ein Notfalltelefon) vorhanden und für die Mitarbeiter jederzeit zugänglich ist. Die Kommunikation hängt maßgeblich vom Alarmierungsmedium und der konkreten Lage ab. Wird ein Amok oder ein terroristischer Anschlag unmittelbar angekündigt, müssen die Behörde unter Hinzunahme der Polizei geräumt und die Menschen in Sicherheit gebracht werden. Hierbei erteilt die Polizei die Anweisungen, die kommuniziert werden. Gleiches gilt auch für eine Bombendrohung. Durchsagen zur Alarmierung könnten über einen Code erfolgen. Dies ist dann ratsam, wenn nicht klar ist, wo sich der oder die Attentäter befinden und die Verfahrensweisen mit den Mitarbeitern gut geübt wurden. Die Durchsage eines Codes soll Panik vermeiden. Kann der Angreifer lokalisiert werden und ist Panik bereits ausgebrochen, kann der explizite Amokalarm, bei dem konkrete Verhaltensweisen mitgeteilt werden, allerdings nützlicher sein.

b) Präventives Täterprofiling

Täter vor der Durchführung einer Tat ausfindig zu machen, ist genereller Wunschgedanke, dem Methoden der Täterprofilanalyse (Profiling) Rechnung tragen soll, das in den USA entwickelt wurde. Im Prinzip geht es um die Anwendung eines Persönlichkeitsrasters nach definierten Risikofaktoren. Diese sind beispielsweise, ob es sich bei dem potentiellen Gefährder um einen Einzelgänger handelt, die Person sehr schweigsam ist und wenig soziale Kontakte pflegt, wenig Teilnahme am sozialen Leben der Hochschule zeigt und auch äußerlich auffällt (schwarze Kleidung, etc.). Dieser Ansatz ist hochgradig gefährlich, weil er nicht von Laien durchgeführt werden kann und zudem darauf ausgelegt ist, potentielle Täter unter den Studierenden zu finden („es muss eine gefährliche Person geben“). Zudem herrscht der Irrglaube, es existiere ein einheitliches Täterprofil. Die Folge eines solchen Ansatzes sind zu häufig falsche Verdächtigungen und Stigmatisierungen von jungen Menschen, die fatale Auswirkungen für sie haben können.

c) Leaking

Im Gegensatz zum Profiling geht es beim Prinzip des Leaking darum, statt Personen zunächst Anzeichen für Gewalt zu erkennen. Diesem Ansatz liegt folgender Gedanke zugrunde: Schwere Gewalt ist regelmäßig kein spontanes Phänomen, sondern das Ergebnis von Denk- und Verhaltensmustern. Es geht folglich um gewaltfördernde Entwicklungen. Das Prinzip des Leaking („leckschlagen“, „durchsickern“) soll diese ersichtlich machen. Hierbei unterscheidet man zwischen direktem und indirektem Leaking.[158] **Direktes Leaking** bezeichnet explizite Absichten zu einer Gewalttat, mit Vorstellungen vom Ablauf, Ort und den Opfern, die schriftlich (Online-Chat, via soziale Netzwerke, per Mail oder Brief), mündlich (in Gesprächen/Telefonaten) oder in Zeichnungen (auch Comics oder Collagen) kommuniziert werden.[159] Unter **indirektem Leaking** versteht man auffällige Verhaltensweisen, die einen thematischen Bezug zur Amoktat aufweisen können. Dazu zählt die intensive Auseinandersetzung mit dem Phänomen Amok und früheren

158 Vgl. Scheithauer/Bondü 2008, S. 67 f.

159 Vgl. Scheithauer/Bondü a. a. O.

Amokläufen, ein auffälliger Bezug zu Waffen, kriegerischen Handlungen, exzessiver Konsum von gewalthaltigen Medien allgemein, aber auch und vor allem suizidale Tendenzen, Verzweiflungsäußerungen, Schuldzuweisungen, etc.[160]

Um Risikofaktoren zunächst systematisch zu erfassen und daraus Konsequenzen für ein weiteres Vorgehen zu ziehen, bedarf es des Bedrohungsmanagements. Wichtig ist hierbei, dass eine vertrauensvolle Atmosphäre herrscht, in der Personen, die entsprechende Befürchtungen hinsichtlich eines/einer Studierenden oder auch Kollegen besitzen, sich äußern können, ohne selbst abgestempelt zu werden. Um sich ein genaueres Bild von einem potentiellen Gefährder/einer Gefährderin machen zu können, empfehlen sich nachfolgende Leitfragen (bei Bedarf sollten angepasst und ergänzt werden):

Was ist der konkrete Anlass für die Befürchtungen?
- Welche Motive könnte die Person besitzen und welche Ziele verfolgt sie?
- Gibt es Aussagen/Aufzeichnungen/Zeichnungen oder ähnliches, die auf eine Tatabsicht/Tatidee hindeuten?
- Hat die Person unangemessenes Interesse an Waffen und/oder anderen Vorfällen schwerer Gewalt?
- Äußert die Person Bewunderung für andere Amokläufer oder exponierte Gewalttäter und Gewalttaten?
- Zeigt die Person Planungsverhalten (Waffenerwerb, Auskundschaften, Konkretisieren eines Tatortes)?
- Ist die Person auffällig aggressiv?
- Tendiert die Person zu ausgeprägten narzisstischen Persönlichkeitszügen, die als abweichend oder krankhaft wahrgenommen werden?
- Ist die Person in der Lage, schwere, zielgerichtete Gewalt auszuführen? Wie wird der Eindruck (ja/nein) begründet (verfügt sie über die notwendigen Tatmittel, besitzt sie die Planungs- und Handlungsfähigkeit)?
- Ist die Person psychisch auffällig, ist möglicherweise auch eine psychische Erkrankung bekannt (Halluzinationen, Wahnvorstellungen [z. B. Verfolgungswahn])?
- Ist die Person verzweifelt, hoffnungslos?
- Gibt es Verlusterlebnisse (Tod einer nahestehenden Person)?
- Ist die Person suizidal?
- Hat die Person eine Bezugsperson, die ähnlich auffällig ist?/Hat sie überhaupt eine Bezugsperson? (wenn ja: kann mit dieser über Befürchtungen gesprochen/sie miteinbezogen werden?)

160 Vgl. Scheithauer/Bondü 2008, S. 67 f.

- Betrachtet die Person Gewalt und auch Tötung als angemessene Handlung/ Bestrafung oder (einzige) Möglichkeit, Probleme zu lösen?
- Stimmen Aussagen und Handlungen der Person überein?
- Welche weiteren Faktoren könnten die Wahrscheinlichkeit einer Tatausführung beeinflussen?

Wichtig: Die Bedrohungsanalyse darf nicht zur voreiligen Stigmatisierung einer Person führen. Zeichnet sich aufgrund der Beantwortung der vorliegenden Fragen das Bild eines Gefährders ab, sollte eine Fallbesprechung vorgenommen werden. Sofern es keinen Psychologen oder eine sonstige fachkundige Person in der Behörde gibt, kann mit einem externen Berater, beispielsweise einem Polizeibeamten eine anonyme Fallbesprechung durchgeführt werden, um den Datenschutz zu wahren und keine Person voreilig zu stigmatisieren.

4. Verhalten im Alarmfall

Verhalten bei einer unübersichtlichen Lage im öffentlichen Raum

- Wenn Sie, egal, ob auf dem Weg zur Arbeit, bei Einkäufen oder wo auch immer im öffentlichen Raum, die Nachricht bekommen, dass just in diesem Augenblick ein Amoklauf oder Terroranschlag in Ihrer unmittelbaren Nähe stattfindet, Sie jedoch noch gar nichts erkennen, sollten Sie sich zunächst sammeln und tief durchatmen. Machen Sie sich zunächst ganz kurz bewusst, dass in diesem Moment keine unmittelbare Gefahr auf Sie einwirkt: Niemand steht jetzt gerade mit einer Waffe vor Ihnen.
- Sollte bereits die Infrastruktur wegbrechen (Einstellung des öffentlichen Nahverkehrs, Mobilnetz, etc.), wird Ihr Umfeld das ebenfalls wahrnehmen und dies führt zu Panik.
- Schließen Sie sich nach Möglichkeit mit einer kleinen Gruppe von Umstehenden zusammen, tauschen Sie sich sachlich über die Situation aus und suchen Sie einen nächstmöglichen geschlossenen Raum auf. Warten Sie dort.
- Machen Sie sich an Ort und Stelle mit den Fluchtwegen vetraut.
- Funktionieren Ihr Mobilfunknetz und das Internet, suchen Sie nach autorisierten Informationsquellen wie den Twitter-Account Ihrer Polizei. Glauben Sie nicht alles, was Sie via Messenger auch von Freunden zugesandt bekommen oder in sozialen Netzwerken lesen. Und verbreiten Sie auch keine Spekulationen oder teilen diese.

Verhalten bei einer Amoklage am Arbeitsplatz

- Wenn Sie sich in Ihrem Büro befinden: Bringen Sie sich und umstehende Kollegen in Sicherheit. Schließen Sie die Türen ab, löschen Sie das Licht. Verstecken Sie sich so, dass sie von außen nicht gesehen werden können (insbesondere bei den Büros im Hochhaus mit Glasfront). Wenn möglich, nehmen Sie Ihr Handy und wählen den Notruf der Polizei (110). Geben Sie an, dass ein Amokalarm an ihrem Arbeitsplatz ausgelöst wurde. Beschreiben Sie Ihre Position (Adresse, Gebäude, Stockwerk) und melden Sie Ihre Wahrnehmung (was hören Sie?). Sprechen Sie leise und bleiben Sie in Ihrem Versteck, bis explizit Entwarnung gegeben wird.
- Wenn Sie sich im Unterricht oder in einem Großraumbüro befinden: Sagen Sie den Anwesenden zunächst ruhig: „Ein Moment bitte" und schließen Sie sofort die Türen ab, ggf. setzen Sie eine Person kurz und knapp in Kenntnis und geben ihr Anweisungen zur Hilfe. Signalisieren Sie den Anwesenden mit den Fingern auf den Lippen, dass sie leise sein sollen. Dann ordnen Sie an, dass sich alle Personen sofort unter den Tisch begeben und sich bis auf weiteres still verhalten sollen, weil ein Amokalarm ausgelöst wurde. Wenn die Möglichkeit besteht, bitten Sie ein bis zwei Anwesende, mit Ihnen leise und vorsichtig die Türen zu verbarrikadieren (z. B. mit Tischen). Dann wählen Sie den Notruf der Polizei (110). Sagen Sie mit leiser Stimme, dass ein Amokalarm ausgelöst wurde und geben Sie Ihre Position (Adresse, Gebäude, Stockwerk) an, melden Sie Ihre Wahrnehmung (was hören Sie?). Bleiben Sie mit den Studierenden in dem Raum bis Entwarnung gegeben wird.
- Wenn Sie sich in anderen Räumlichkeiten befinden: Verhalten Sie sich möglichst so, wie oben beschrieben. Wenn Sie sich nicht einschließen können, versuchen Sie sich zu verstecken oder, wenn der Angriff an einem anderen Ort des Arbeitsgeländes stattfindet, zu flüchten.
- Wenn Sie sich auf dem Arbeitsgelände befinden, und Sie sehen einen Amokschützen bzw. dieser schießt um sich, gibt es zwei Möglichkeiten je nach Ihrer persönlichen Situation: Entweder sie verstecken sich (z. B. weil er in eine andere Richtung läuft und Sie nicht wahrnimmt) oder sie laufen weg, wenn er sich Ihnen nähert. Versuchen Sie dabei zickzack und immer wieder in mögliche Deckungen zu laufen. Ein bewegliches Ziel ist schwieriger zu treffen. Versuchen Sie in jedem Fall, sei es durch verstecken oder wegrennen, zu flüchten. Erst wenn sie außer Reichweite des Täters oder der Täter sind, betätigen Sie den Notruf bei der Polizei.[161]

161 Vgl. Meltzer 2018, S. 78 f.

- Wenn Sie in die Enge getrieben wurden: Nun können Sie nur noch versuchen, den Täter abzulenken, ihn zu irritieren, um Zeit zu gewinnen. Sich auf den Boden legen und zu bitten, Sie nicht zu erschießen, ist die falsche Strategie. Der Täter steht vor Ihnen, um Sie zu erschießen. Eine Möglichkeit ist, dem Täter etwas zu sagen, womit er nicht rechnet und was ihn irritiert, z. B. „Heute ist Ostern! Da wird nicht geschossen" oder „Ihr Schuh ist offen". Nutzen Sie jedes Zögern in seinem Verhalten, werfen Sie Ihre Tasse nach ihm, versuchen Sie ihn zu attackieren.

Anmerkung: Freilich klingen vor allem die im letzten Absatz dargestellten Handlungsalternativen sehr hypothetisch. Das sind sie vor allem auch deswegen, weil solches Verhalten im Alltag vom einzelnen nicht geübt wird/ geübt werden kann. Lassen Sie sich jedoch auf solche Gedankenspiele ein und besprechen Sie diese untereinander. Möglicherweise finden Sie für sich Ansätze, die Ihnen helfen, sich auch für solche Situationen besser gewappnet zu fühlen.

Im Falle eines **terroristischen Attentates** gelten die angeratenen Verhaltensweisen entsprechend.

5. Zusammenfassung

- Amokläufe und Terroranschläge sind hochgradig selten.
- In den meisten Fällen erfolgen sie geplant.
- Durch das Planungsverhalten bestehen bei einem aktiven Bedrohungsmanagement Möglichkeiten, Präventionsmaßnahmen zu ergreifen.
- Besprechen Sie in Ihrer Behörde und mit der Polizei, wie Sie sich im Alarmierungsfall verhalten können und machen Sie sich vor Ort mit allen Fluchtwegen vertraut.
- Je handlungsfähiger Sie sich in einer Gefährdungslage fühlen, desto besser können Sie sie bewältigen.

X. Geiselnahmen

Geiselnahmen sind psychologische Extremsituationen und als Kriminalitätsphänomen tatsächlich eine Ausnahmelage. Jede Geiselnahme ist mit Zwangsmaßnahmen gegen die Opfer verbunden. Eine Geiselnahme liegt vor, wenn Personen Menschen gegen ihren Willen und zur Durchsetzung ihrer Ziele an dem vorhandenen Ort festhalten. Der Hintergrund einer Geiselnahme kann sowohl in einem psychischen Zustand einer einzelnen Person, einer wirtschaftlichen Zwangslage oder aber auch in terroristischen Motiven einer Tätergruppe liegen. Sie kann spontan oder aber geplant sein. Die Geiselnahme ist stets als ein Mittel für den oder die Täter zu betrachten. Und nicht selten befinden sich die Geiselnehmer selbst in einem psychischen Ausnahmezustand, weil sie keine Routine darin haben.

> **Geiselnahme gem. § 239b StGB**[162]
>
> (1) Wer einen Menschen entführt oder sich eines Menschen bemächtigt, um ihn oder einen Dritten durch die Drohung mit dem Tod oder einer schweren Körperverletzung (§ 226) des Opfers oder mit dessen Freiheitsentziehung von über einer Woche Dauer zu einer Handlung, Duldung oder Unterlassung zu nötigen, oder wer die von ihm durch eine solche Handlung geschaffene Lage eines Menschen zu einer solchen Nötigung ausnutzt, wird mit Freiheitsstrafe nicht unter fünf Jahren bestraft.

1. Prävention

Als allgemeine Präventionsmaßnahme wird stets ein aufgeladenes Mobiltelefon empfohlen, um im Notfall Hilfe alarmieren zu können.

- Machen Sie sich mit Fluchtwegen, Ausgängen und sicheren Orten auf täglichen Wegen vertraut;
- lernen Sie die Rufnummern von Polizei, Feuerwehr, Ambulanz und wichtigen Kontaktpersonen auswendig;
- notieren Sie die ständig erreichbare Notrufnummer und die Adresse Ihrer zuständigen Botschaft;

162 Die Geiselnahme ist abzugrenzen vom erpresserischen Menschenraub gem. § 239a StGB. Tatsächlich ist der objektive Tatbestand identisch, so dass zunächst keine Unterscheidung möglich ist. Entführung bezeichnet allerdings die Veränderung des Aufenthaltsortes des Opfers gegen dessen Willen. Die Bemächtigung nach § 239b setzt indessen keine Ortsveränderung für das Opfer voraus.

2. Umgang mit dem Täter/den Tätern

Jede Situation ist individuell, dennoch können einige Verhaltenstipps helfen, die Angst in den Griff zu bekommen:

- Verhalten Sie sich kooperativ und zurückhaltend. Sie sollten aufgeschlossen, aber neutral reagieren, wenn Täter Sie ansprechen. Versuchen Sie so, die Situation zu stabilisieren, zeigen Sie sich als ruhig und verlässlich in Auskünften, zu denen Sie aufgefordert werden.
- Machen Sie auf keinen Fall nachprüfbar falsche Angaben, denn Sie wissen nicht, was ein Täter über Ihre Einrichtung und möglicherweise auch über Sie weiß (z.B. via Social Media, Gegenständen wie Bilder im Büro, etc.).
- Mit der Dauer der Entführung sinkt die Gefahr, verletzt oder getötet zu werden. Versuchen Sie, eine Beziehung zu den Tätern aufzubauen ohne dabei zu anbiedernd zu sein.
- Äußern Sie sich neutral, werten Sie nicht. Vermeiden Sie Kontroversen, besonders zu Themen wie Religion und Politik. Ein moderates religiöses Bekenntnis wird in der Regel eher respektiert, Atheisten werden möglicherweise geächtet. Unterlassen Sie es, Vorwürfe zu machen, feindselig oder überheblich zu wirken.
- Wahren Sie Ihre Würde und Ihr Selbstbewusstsein. Zeigen Sie den Tätern, dass Sie ein Mensch mit einer Persönlichkeit sind. Dies ist ein suggestiver Appell an die Täter, Sie nicht als Sache wahrzunehmen. Je mehr Sie entmenschlicht werden, desto eher rechtfertigt dies Ihre Tötung.

Ähnlich wie zur Einschätzung von Drohungen können zur Einschätzung einer Geisellage folgende Faktoren herangezogen werden:

Der/die Täter

- Anzahl der Täter
- Waffen
- Gewaltbereitschaft (welche Gewaltanwendungen gab es?)
- Professionalität (Organisationsgrad, Planungsverhalten, Aufgabenteilung)
- Emotionalität (z.B. Nervosität, Anspannung/Druck, etc.)
- Suizidalität[163]
- Planungstreue

163 Suizidalität ist im Kontext der Geiselnahme ein schwerwiegender Faktor, da die eigene Bereitschaft zum Sterben auch den erweiterten Suizid nach sich ziehen kann, vgl. Groote 2002, S. 41 ff.

Das/die Opfer	• Physische Belastbarkeit (medizinische Faktoren, z. B. Krankheiten, etc.) • Psychische Belastbarkeit • Verletzungen
Absicht und Ablauf	• Kommunikation (Absichtsbekundungen, konkrete Drohungen, Forderungen) • Vorgehen • Dauer
Ort und Situation	• Gefährdungsfaktoren (Publikumsverkehr, Kinder, etc.) • Hygienische Faktoren • Einsehbarkeit • Licht/Dunkelheit • Verstecke/Fluchtmöglichkeiten

3. Zusammenfassung

- Für den Fall einer Geiselnahme gibt es keine allumfassenden Verhaltensregeln. Generell wird den unmittelbaren Opfern zur Kooperation geraten, soweit dies möglich ist.
- Die/der betroffene Beschäftigte sollte nach Möglichkeit Anweisungen und Forderungen erfüllen und alles unterlassen, was die Täterin/den Täter veranlassen könnte, sein Leben und seine Gesundheit zu gefährden.
- Wer Zeuge einer Geiselnahme ist, hat umgehend die Polizei unter der Notrufnummer 110 zu verständigen.
- Angaben und Beobachtungen (siehe Faktoren oben) sollten dabei so konkret wie möglich wiedergegeben werden, da dies die Basis für die polizeiliche Einschätzung zur Einsatzbewältigung darstellt.[164]

164 Zur Wichtigkeit der Informationsbasis für die polizeiliche Lagebeurteilung, vgl. Hahn/Karaimer, in: Kriminalistik 12/2013, S. 741.

XI. Bombendrohungen und Bombenalarm

In öffentlichen Einrichtungen kommt es häufiger zu Bombendrohungen. In den meisten Fällen handelt es sich um angeblich und nicht tatsächlich platzierte Sprengmittel. Das Motiv solcher falschen Bombendrohungen liegt in dem Wunsch nach Rache an der Behörde, einem abweichenden Verständnis von Spaß (aufgrund geistiger Unreife), zur Ablenkung (möglicherweise für ein anderes Delikt) oder aber, weil einem Täter die Mittel für einen Bombenangriff fehlen.

Dennoch muss immer damit gerechnet werden, dass die Gefährdung real sein kann. Entsprechend ist jede Bombendrohung ernst zu nehmen.

Mögliche Motive, warum ein Täter ein Gebäude mit der Explosion einer Bombe bedroht, können beispielsweise sein, dass

- ein politisches Ziel verfolgt wird. Somit könnte eine Bombendrohung im Namen einer Ideologie oder einer terroristischen Organisation kommuniziert werden, um auf einen Missstand aufmerksam zu machen oder die Freilassung für inhaftierte Mitglieder erzwingen zu wollen;
- ein nichtpolitisch motivierter Täter aus Rache oder auch dem Ansinnen heraus handelt, die Freilassung einer inhaftierten Person erzwingen zu wollen;
- ein persönliches Verhältnis zwischen dem Täter und der behördlichen Institution besteht und der Täter Rache nehmen möchte (z. B. gegen das Jugendamt, weil das Kind weggenommen wurde, etc.);
- der Täter unter persönlichen Problemen leidet, vielleicht auch einen sehr nahestehenden Menschen verloren hat und keinen anderen Ausweg mehr sieht, mit seinen Emotionen umzugehen, als durch Gewalt gegen Dritte.

In den weitaus meisten Fällen handelt es sich bei Bombendrohungen um sog. „substanzlose Drohungen", also solche, bei denen kein Sprengsatz abgelegt wurde. Auch diese Form ist mit einer Strafandrohung belegt.

Gemäß **§ 126 Abs. 2 StGB** (Störung des öffentlichen Friedens durch Androhung von Straftaten) steht die Bombendrohung unter Strafe: „Ebenso wird bestraft, wer in einer Weise, die geeignet ist, den öffentlichen Frieden zu stören, wider besseres Wissen vortäuscht, die Verwirklichung einer der in Absatz 1 genannten rechtswidrigen Taten stehe bevor."

Das Deponieren eines Sprengsatzes ist nach **§ 308 StGB** (Herbeiführen einer Sprengstoffexplosion) strafbar:

(1) Wer anders als durch Freisetzen von Kernenergie, namentlich durch Sprengstoff, eine Explosion herbeiführt und dadurch Leib oder Leben eines anderen Menschen oder fremde Sachen von bedeutendem Wert gefährdet, wird mit Freiheitsstrafe nicht unter einem Jahr bestraft.

(2) Verursacht der Täter durch die Tat eine schwere Gesundheitsschädigung eines anderen Menschen oder eine Gesundheitsschädigung einer großen Zahl von Menschen, so ist auf Freiheitsstrafe nicht unter zwei Jahren zu erkennen.

(3) Verursacht der Täter durch die Tat wenigstens leichtfertig den Tod eines anderen Menschen, so ist die Strafe lebenslange Freiheitsstrafe oder Freiheitsstrafe nicht unter zehn Jahren.

(4) In minder schweren Fällen des Absatzes 1 ist auf Freiheitsstrafe von sechs Monaten bis zu fünf Jahren, in minder schweren Fällen des Absatzes 2 auf Freiheitsstrafe von einem Jahr bis zu zehn Jahren zu erkennen.

(5) Wer in den Fällen des Absatzes 1 die Gefahr fahrlässig verursacht, wird mit Freiheitsstrafe bis zu fünf Jahren oder mit Geldstrafe bestraft.

(6) Wer in den Fällen des Absatzes 1 fahrlässig handelt und die Gefahr fahrlässig verursacht, wird mit Freiheitsstrafe bis zu drei Jahren oder mit Geldstrafe bestraft.

Die Vorstellung von einem Bombenanschlag, die die vielen Menschen durch Fernsehbilder geprägt sind, verursachen ein regelrechtes Grauen und deswegen Panik. Genau diese wollen auch Täter provozieren, die eine substanzlose Drohung aussprechen. Darüber hinaus könnte eine Bombendrohung Bestandteil und Kalkül eines anderen Verbrechens (z.B. eines Überfalls oder Amoklaufes) sein.

1. Entgegennahme der Bombendrohung

Generell gilt: Jede Bombendrohung ist ernst zu nehmen! Der Beschäftigte, der Kenntnis dieser Bedrohung erhält, meldet dies unverzüglich der Leitung, damit schnellstmöglich eine Evakuierung durchgeführt werden kann. Parallel ist unverzüglich der Notruf der Polizei 110 zu wählen. Die Einsatzzentrale entscheidet über das weitere Vorgehen und gibt entsprechende Anweisungen. Bei telefonischer Entgegennahme einer Bombendrohung ist ggf. eine Kollegin/ein Kollege im Büro durch Hinweiszeichen auf diese Situation aufmerksam zu machen, die noch während des Telefonats die Leitung alarmieren kann.

2. Evakuierungsalarm und Verhalten der Beschäftigten

In einem solchen Fall erfolgt regelmäßige eine Evakuierung analog zu einem Brand. Ist dies nicht möglich, weil beispielsweise der von dem Drohenden angegebene Ort der Bombe auf der Evakuierungsstrecke liegt, sollten in diesem Fall die Brandschutz- und Evakuierungshelfer auf die alternative Evakuierungsroute umleiten.

Zur Unterstützung der Polizei ist der persönliche Arbeitsplatz vor Verlassen des Gebäudes kurz auf verdächtige Gegenstände zu überprüfen. Verdächtig ist, wenn ein Gegenstand weder persönlich noch dienstlich identifiziert werden kann (z. B. ein abgestellter Karton oder Koffer).

Keinesfalls den verdächtigen Gegenstand berühren, allenfalls auf optische (Größe, Form, Farbe, Aufbau) bzw. akustische (Ticken, Zischen) Besonderheiten achten. Auch kann nie davon ausgegangen werden, dass es sich dabei um den einzigen Bombenfund handelt. Jede verdächtige Wahrnehmung ist umgehend zu melden.

3. Zusammenfassung

- Bombendrohungen sind stets ernst zu nehmen, auch wenn die Erfahrung zeigt, dass die meisten Bombenalarme Fehlalarme sind.
- Bei Bombendrohungen ist immer der Polizeinotruf 110 zu wählen; die Einsatzzentrale wird Ihnen weitere Anweisungen geben.
- Darüber hinaus ist immer die Behördenleitung zu informieren, damit die Evakuierungsmaßnahmen eingeleitet werden können.
- Die Evakuierung erfolgt für gewöhnlich nach dem gleichen Schema der Brandevakuierung, es sei denn, der verdächtige Gegenstand liegt direkt in einer der Fluchtrouten.

XII. Extremismus

Menschen mit politischen oder religiösen Einstellungen, die gegen die freiheitlich demokratische Grundordnung (FDGO) gerichtet sind, sind nicht nur relevante Gegenüber der Polizei oder der Ämter für Verfassungsschutz in Deutschland. In den vergangenen Jahren haben sich extremistische Bestrebungen in Deutschland sowohl in den Personenzahlen als auch in ihren Strategien entwickelt. Teilweise wurden Kooperationen gebildet, teilweise wurden Splittungen von Szenen oder auch Transformationsprozesse beobachtet. Gegenwärtig vergeht kein Tag, ohne Meldungen über Gewalt und Kriminalität durch extremistische Akteure im In- und Ausland. Diese kann auch Behörden betreffen, die nicht mit der Verbrechensbekämpfung betraut sind, beispielsweise Ausländerbehörden durch linksmotivierte Abschiebegegner, aber auch durch Rechtsextreme. Zudem sind viele Gebäude öffentlicher Behörden zugänglich und damit ein gut erreichbares Ziel für erklärte Feinde des Staates.

Extremistische Straftaten werden unter dem Begriff **Politisch motivierte Kriminalität (PMK)** zusammengefasst, wenn die Tatumstände und/oder die Tätereinstellung Anhaltspunkte dafür bieten, dass sie

- den demokratischen Willensbildungsprozess beeinflussen sollen, der Erreichung oder Verhinderung politischer Ziele dienen oder sich gegen die Realisierung politischer Entscheidungen richten,
- sich gegen die freiheitlich demokratische Grundordnung bzw. eines ihrer Wesensmerkmale, den Bestand und die Sicherheit des Bundes oder eines Landes richten oder eine ungesetzliche Beeinträchtigung der Amtsführung von Mitgliedern der Verfassungsorgane des Bundes oder eines Landes zum Ziel haben,
- durch Anwendung von Gewalt oder darauf gerichtete Vorbereitungshandlungen auswärtige Belange der Bundesrepublik Deutschland gefährden,
- gegen eine Person wegen ihrer politischen Einstellung, Nationalität, Volkszugehörigkeit, Rasse, Hautfarbe, Religion, Weltanschauung, Herkunft oder aufgrund ihres Erscheinungsbildes, ihrer Behinderung, ihrer sexuellen Orientierung oder ihres gesellschaftlichen Status gerichtet sind und die Tathandlung damit im Kausalzusammenhang steht bzw. sich in diesem Zusammenhang gegen eine Institution/Sache oder ein Objekt richtet.[165]

165 Vgl. BKA unter: www.bka.de/DE/UnsereAufgaben/Deliktsbereiche/PMK/pmk_node.html (letzter Zugriff 9. Februar 2020).

1. Formen und Erkennungsmerkmale

Extremismus zeigt sich regelmäßig darin, dass er
- gewaltbereit ist,
- Behörden als „Teil des Systems“ und somit als Feind definiert,
- eine ausgeprägte und aggressive Vorurteilsneigung hat,
- häufig unter enormem Gruppendruck steht, wenn die extreme Community sein relevantes soziales Umfeld darstellt,[166]
- regelrechte Verschwörungstheorien vertritt.

Da eine eingehende Betrachtung der unterschiedlichen extremistischen Ausprägungen den Rahmen sprengen würden, sei nachfolgend nur eine Vergleichsmatrix extremistischer Strömungen dargestellt, die die jeweiligen Ziele und Taktiken kurz darstellt:

	Rechtsextremisten	**Linksextremisten**	**Islamisten**
Ziel	Arisches Volk; Herrschaft der Deutschen (ggf. noch über weitere Länder)	Abschaffung des staatl. Systems mit seinen Grenzen und Gesetzen; Anarchie	Weltherrschaft unter einem vereinten Islam
Strategie (langfristig)	Den Staat schwächen, alternative Autoritäten präsentieren, bürgerkriegsähnliche Zustände schaffen	Staatl. Strukturen zerstören, Konzept Stadtguerilla: bürgerkriegsähnliche Zustände schaffen, der bewaffnete Kampf	Dschihad als umfassendes Kriegskonzept (von geistig über physisch bis hin zu wirtschaftlich);
Operation (Umsetzung)	Angst erzeugen, Stärke gegenüber schwachem Staat demonstrieren, ausgewähltes Volk repräsentieren, Vermarktung des 3. Reiches als Ideal	Angst und Chaos erzeugen	Asymmetrische Kriegsführung aus der Überraschung heraus

166 Der Fall Arid Uka hat allerdings gezeigt, dass eine derartige Beeinflussung nicht zwangsläufig an ein „echtes“ soziales Umfeld gebunden ist, sondern auch in der Virtualität und durch die empfundene ideologische Verbundenheit ausreichend sein kann.

	Rechtsextremisten	Linksextremisten	Islamisten
Taktik (Aktionen)	Hetzjageden auf Ausländer, Geschichtsrevisionismus (Holocaustleugnung);	Gewalteskalationen bei Demonstrationen, gezielte Gewalt/Anschläge gegen Politiker und Infrastruktur, Sachbeschädigung, Brandstiftung tw. Paramilitärische Taktiken	Angreifen weicher Ziele
Taktische Mittel	Bekennung/Propaganda der Tat nicht grundsätzlich	Propaganda der Tat	Propaganda der Tat

Tabelle: Dienstbühl 2019, S. 178

Nachfolgend können Personen, die sich radikalisieren, auf Deutschland betrachtet in fünf Gruppen unterteilt werden, die alle auf das Phänomen Islamismus passen, jedoch nur in Teilen auf links- und rechtsextreme Menschen:

- **Eingereiste Extremisten:** Die typologische Zuordnung von eingereisten Extremisten bezieht sich in erster Linie auf transnationale Phänomene wie Islamismus und islamischen Terrorismus. Der Personenkreis reist bereits radikalisiert in eine westliche Demokratie wie Deutschland ein. Gründe dafür können geplante Aktivitäten, aber auch der Bedarf eines Rückzugsraumes zum Untertauchen sein.
- **Homegrown:** Auch dieses Phänomen trifft exklusiv auf islamistischen Extremismus/Terrorismus zu. Unter dem Stichwort Homegrown Terrorists werden Muslime oder junge Menschen mit islamischem Migrationshintergrund bezeichnet, die in Deutschland geboren oder dort bereits seit Kindesalter sozialisiert wurden, die regelmäßig einen deutschen Pass besitzen und sich irgendwann radikalisieren. Die Theorien für Gründe der Radikalisierung gehen in der Wissenschaft auseinander: Einige Vertreter sehen in Diskriminierungserfahrungen durch die Mehrheitsgesellschaft, andere sehen in der Idealisierung des männlichen Geschlechts und der Parentisierung, die zu Größenwahn führen und damit Gewalt und Extremismus fördern könne, Erklärungsansätze für die Radikalisierung der Jugendlichen mit Migrationshintergrund.
- **Konvertiten:** Menschen, die irgendwann eine neue Religion annehmen, bemühen sich als Konvertiten und damit Überzeugte besonders, möglichst korrekt alle Regeln zu befolgen.
- **Frauen und (Ehe-)Partnerinnen:** Extremismus ist nicht ausschließlich eine Männerdomäne. Schon die RAF wurde maßgeblich von Frauen begründet. Frauen übernehmen aktive Rollen in der Propaganda- und Rekrutierungsarbeit, sowie auch in der Ausbildung und Erziehung der Kinder, auch im Rechtsextremismus und im Islamismus.

- **Kinder:** Es liegt in jeglicher Eroberungsstrategie von Extremisten nichts näher, als die eigene Familie und insbesondere die Kinder entsprechend zu indoktrinieren und zu erziehen. Doch auch gelernte Feindbilder können durch Kriegserfahrungen der Eltern weitervermittelt werden. Hier zeigt sich eine interessante Parallele zwischen islamistischen und rechtsextremen Bestrebungen: Beide versuchen, sich eigene Lebens- und Wirkkreise zu erschaffen, in denen die komplette Familie in eine entsprechende Infrastruktur angeboten wird (von Ärzten bis hin zu Bildungsangeboten und Kinder- und Jugendcamps). Die Radikalisierung von Kindern ist längst kein Problem der Zukunft mehr, denn einige, die eine solche Erziehung durch das Elternhaus vermittelt bekamen, sind bereits volljährig. Zudem fallen bereits in Schulen Kinder durch gewalttätiges Verhalten und Ablehnung sämtlicher auf Demokratie und Menschenrechten beruhenden Regeln auf.

Diese jeweiligen Typen müssen nach ihren Rollentypen innerhalb einer extremistischen oder terroristischen Organisation aufgegliedert werden: Handelt es sich um generell Kriminelle, Mitläufer, Aktivisten oder Ideologen? Gerade hier wird häufig nicht in der Terrorismusforschung unterschieden, dabei ist gerade diese Typisierung für die Einschätzung des Gefährdungspotentials des Einzelnen unheimlich wichtig.

2. Gründe für die Entstehung von Extremismus

- **Extremismus als kriminelles Verhalten:** Geht man von Extremismus als kriminelles Verhalten aus, dann kommen als Gründe für Radikalisierungsprozesse allgemeine Gründe für kriminelles Handeln in Betracht.
- **Stabilisatoren und kriminalitätsvermeidende Aspekte:** Soziale und gesellschaftliche Einbindung, Verantwortungsempfinden.
- **Destabilisierende und kriminalitätsfördernde Aspekte:** Radikalisierung ist stets ein multifaktorieller Prozess. Individuelle Dispositionen, persönliche Krisen und soziale Umstände sind maßgebliche Aspekte für eine Radikalisierungsentwicklung. Langeweile, mangelnde Bindungsstrukturen und auch Anspruchsdenken und damit verbundene Ziel-Mittel-Konflikte können die Anziehung extremistischer Attitüden befördern. Cesare Lombroso beschrieb einen Anziehungsfaktor extremistischer Denkweisen so: „Der Fanatismus schafft auch bei ganz ungebildeten Leuten oft eine bedeutende Beredsamkeit und gibt ihren Äußerungen

oft eine bemerkenswerte, formelle rednerische Form.“[167] Mit dieser Aussage trifft er noch heute einen Nerv: Denn in extremistischen Gruppierungen[168] gelangen vor allem junge Menschen, die bislang nicht durch herausragende Leistungen aufgefallen sind, zu Positionen, die sie sich nicht in jahrelanger Ausbildung und Anstrengungen erarbeiten müssten.

3. Bedrohungsmanagement

Mitunter treten Vertreter extremistischer Gruppen offensiv mit Symboliken auf (beispielsweise rechtsextremen Symboliken als Tattoos) oder sie äußern sich in einer Art und Weise, die ihre Einstellung offenbart. Dies tun sie bewusst, um andere Menschen zu verunsichern und sich über sie zu stellen. Es geht hier um Machtdemonstration durch Einschüchterung. Extremisten überhöhen ihr Selbst durch die vermeintliche Zugehörigkeit zu einer Elite. Dies wollen Sie durch häufig entsprechendes Auftreten untermauern. In ganz unterschiedlichen Behörden erleben die Mitarbeiter solche Verhaltensweisen immer wieder.

Wenn Sie sich in Ihrer Behörde mit einer extremistischen Erscheinungsform konfrontiert sehen, könne Sie nachfolgendes Raster zur Gefährdungseinschätzung im jeweiligen Fall nutzen:

1. Werden direkt Straftaten durch einen Extremisten verwirklicht (beispielsweise durch das Tragen verbotener Symbole,[169] Sachbeschädigung oder volksverhetzende Aussagen, etc.)? Dann verständigen Sie die Polizei. In diesen Fällen ist auch ein Hausverbot (vgl. Kapitel XXV) gerechtfertigt.
2. Sammeln Sie Informationen über Wesen und Akteure.
3. Nutzen Sie vorhandene Möglichkeiten zur Einschätzung der Bedrohungspotentiale (z. B. via Kontakt mit dem Staatsschutz der für Sie zuständigen Polizeidirektion oder beim Verfassungsschutz).
4. Entwickeln Sie ein Verständnis der Logik hinter extremistischer Gewalt und vor allem terroristischen Anschlägen in Bezug auf Ihre Behörde (Wahl der Ziele generell nach Symbolkraft, Schadenshöhe, Zugang und Gelegenheit).

---

167 Cesare Lombroso (1836–1909) war ein italienischer Arzt, Professor der gerichtlichen Medizin und Psychiatrie. Auf ihn geht die Theorie vom „geborenen Verbrecher“ zurück, die heute als antiquiert gilt.

168 Diese Beobachtung trifft allerdings auch auf andere Formen von kriminellen Gruppenzusammenschlüssen und organisierter Kriminalität zu.

169 Propagandadelikte nach §§ 86, 86a StGB (z. B. Tragen des Hakenkreuzes, Zeigen des Hitlergrußes, Verbreiten von illegalem Propagandamaterial, etc.).

4. Zusammenfassung

- Auch Behörden, die nicht mit der staatlichen Sicherheit befasst sind, kommen in Berührung mit politischem oder religiösem Extremismus (z. B. auch durch Sachbeschädigung unter Verwendung entsprechender Symboliken).
- Behörden arbeiten im Auftrag des Staates, insofern könnten auch sie ein Anschlagsziel darstellen (vgl. die jeweiligen Ämter nach Symbolträchtigkeit: Das Katasteramt dürfte weniger gefährdet sein als beispielsweise die Ausländerbehörde).
- Extremisten verursachen bewusst Angst. Je mehr Sie über den extremistischen Hintergrund einer Person erfahren können, desto besser können Sie die Gefährdung einschätzen.

XIII. Radikalisierung

Die Debatte um sogenannte „Turbo-Radikalisierung“, die nach den terroristischen Anschlägen in der Regionalbahn bei Würzburg und auf dem Musikfestival in Ansbach diskutiert wurde, war irreführend. Wenn – meist junge – Menschen sich radikalisieren, liegen ganz unterschiedliche Lebenswege, Erfahrungen und Bedürfnisse vor. Radikalisierung ist immer ein individueller Prozess, hängt aber nicht zuletzt auch von zufälligen Faktoren für das Individuum ab, gerade wenn nicht die Ideologie im Vordergrund steht. Dass sich aktuell dennoch so viele Jugendliche und junge Erwachsene von den islamistischen Bestrebungen angesprochen fühlen, wirkt beinahe wie eine Mode-Erscheinung. Tatsächlich hat es auch etwas mit einem gefährlichen „Trend“ zu tun. Doch etwas Anderes steht im Vordergrund: Rekrutierende Extremisten erreichen junge Menschen ganz offensichtlich dort, wo ihr bisheriges Umfeld sie nicht mehr erreicht. Familie, Freunde oder die Schule – sie können diesen Menschen offensichtlich nicht das geben, was ihnen Extremisten geben können. Allerdings geht es in den meisten Fällen nicht per se um Religiosität.

1. Radikalisierungsprozesse

Gerade Teenager und junge Erwachsene sind in einer Zeit der Orientierungssuche diversen Einflüssen ausgesetzt, die Entscheidungen verlangen. In Deutschland waren bislang mehrere Minderjährige an versuchten und gar erfolgreich umgesetzten Anschlägen beteiligt. Es ist in der Adoleszenz und im jungen Erwachsenenalter durchaus normal, sich in radikaler Art und Weise mit der Umwelt und der Gesellschaft auseinanderzusetzen, dies gehört zum Reifeprozess dazu. Entscheidend ist, wie der Charakter veranlagt ist, wie sich die Persönlichkeit weiterentwickelt und welche Erfahrungen sie mit ihren Ansichten bei ihrem Umfeld machen, also wie das Gegenüber reagiert. So hat sich in den letzten Jahrzehnten der Kontext verändert, in dem Kinder und Jugendliche aufwachsen. Gerade diese Personengruppen betreffen Modernisierungsprozesse und gesellschaftliche Umbrüche zwangsläufig besonders. Gravierende Einflüsse gehen sowohl vom Internet als auch von einer globalen Migration aus, die sich lokal stärker niederschlägt als noch vor 20 Jahren. Zudem erleben Jugendliche Neuausrichtungen der Bildung auf völlig veränderte Berufswelten, unbekannte Karriereentwicklungen und eine unglaubliche Vielfalt an Wahlmöglichkeiten. Nahezu wöchentlich tauchen neue Ausbildungsangebote und Studiengänge auf, immer mehr Spezialisierungen werden angeboten. Neben der schier unendlichen Wahlfreiheit ist das Angebot kaum noch zu durchschauen, zudem steigt der Druck, für sich die richtige Entscheidung zu treffen. Daher können die Lebensentwürfe der Elterngeneration keine fixe Orientierungshilfe mehr bieten.

Minderjährige rücken zudem mehr und mehr in den Focus extremistischer Organisationen. Besteht eine generelle Besorgnis und die Annahme einer ansteigenden Jugendkriminalität bei sinkendem Alter, verweisen Pädagogen und Kriminologen stets auf den Umstand des Erwachsenwerdens als besondere Krisenphase, in der die Anfälligkeit für delinquentes Verhalten vorübergehend ansteigen kann. So sei zum Beispiel Schulversagen ein Stressfaktor, der durch das Gefühl von Versagen, Selbstblamage und dem „Ausgesetzt sein", seiner Schwächen vor Klasse und Lehrern die Empfindung fördert, nicht verstanden zu werden. Aus dieser Verzweiflung wiederum könne ein zunächst recht unspezifischer Hass entstehen, der die Zugänglichkeit zu dogmatisch-eingeschränkten Sichtweisen erleichtert.[170] Ähnliche Erklärung findet sich übrigens auch bei Amokläufen und insbesondere School-Shootings: ein Außenseiter, der sich immer weiter selbst ausgrenzt und durch gewaltfördernde Medien oder Spiele einen immer stärkeren Hass gegen sein Umfeld entwickelt. Dass nun speziell Jugendliche und junge Erwachsene in extremistischen Vereinigungen aktiv werden, ist kein neues Phänomen, aber auch statistisch kein überdimensionales. Die bekanntgewordenen Fälle geraten nur zeitweise verstärkt in die öffentliche Aufmerksamkeit. Radikalisierungsprozesse treten vor allem im Jugendalter auf. Dies hängt neben der Beeinflussbarkeit im jungen Alter und der damit verbundenen mangelnden Lebenserfahrung auch mit dem Wunsch nach Orientierung zusammen. Gerade die Jugendzeit ist geprägt von Veränderungen und sog. Entwicklungsaufgaben,[171] die sie bewältigen müssen:

- Den eigenen Körper bewohnen lernen,
- Umgang mit Sexualität,
- Umbau sozialer Beziehungen,
- Umgang mit der Schule,
- Berufswahl,
- Bildung,
- Politische Orientierung,
- Identitätsarbeit. [172]

170 Nach dem Psychoanalytiker Erich Fromm wächst Hass aus empfundener Isolation und Entfremdung, vgl. Friedman/Schustack 2004, S. 621.

171 Zum Begriff und den unterschiedlichen Modifikationen, vgl. Schöninger 2005, S. 15.

172 Vgl. Schöninger 2005, S. 15 f.

Die Formulierung von Aufgaben orientiert sich an der Vorstellung, dass der Jugendliche im Vergleich zum Erwachsenen in diversen Bereichen noch nicht vollständig entwickelt ist. Oder sogar Defizite aufweist.[173] Die Jugendzeit und die Lebens- und Denkweise von Jugendlichen geraten nach dieser Vorstellung zu einer Lebensphase der Vorbereitung für das eigentliche Leben. Gleichzeitig formulieren diese Aufgaben auch Bedürfnisse an junge Menschen, um diese Entwicklungen im gewünschten Sinne meistern und zu eigenständigen Erwachsenen heranreifen zu können.

Ein besonderer Fokus gilt der Familie. Immer wird von sog. *broken-home*-Situationen junger Menschen gesprochen, die sich radikalisiert haben. Der familiäre Aspekt allein kann allerdings nur wenig Aufschluss über das Phänomen Radikalisierung bieten. In Deutschland werden pro Jahr zwischen 190.000 und 200.000 Ehen geschieden. Dass Scheidungen eine verifizierbare Auswirkung auf radikalisierende Entwicklungen haben, ist statistisch nicht belegt. Hilfreicher könnte hier der Blick auf Straftaten der Konvertiten vor ihrer Konversion sein. Die Aufbereitungen können beispielsweise anhand *Lorenz Böllingers* sechsstufigem Karrieremodell adaptiert werden, das er in Anlehnung an die Lebensverläufe von RAF-Mitgliedern entwickelt hat.[174] Nach diesem finden sich idealtypischerweise folgende Merkmale im Entwicklungsverlauf eines Extremisten bzw. Terroristen wieder[175]:

- Frühe Belastungen in der Familie (z. B. durch Trennung der Eltern, Todesfälle, Wegzug aus dem Umfeld oder von Bezugspersonen, [psychische] Krankheiten).
- Bruch mit dem bisherigen Umfeld; oppositionelle Positionierung (Entwicklung zu extremen Positionen in Diskussionen, Kompromisse sind nicht mehr möglich, Schwarz-Weiß-Sicht macht Zusammenleben/Freundschaft unmöglich, Zunahme empfundenen Missverstandenwerdens).
- Rückzug in den Kreis Gleichgesinnter (Umgebung der gleichen extremen Ansichten, sich aufgehoben und verstanden fühlen, gegenseitige Bestärkung, Abnahme von Gegenperspektiven und anderen Sichtweisen).
- Entwicklung Konformismus und Kontra-Kultur (Definition gemeinsamer Ziele, Welt- und Feindbilder, Abweichungen immer weniger zulässig; wenn, dann nur noch in Taktiken, nicht in grundsätzlichen Positionen).
- Metaphorik des Krieges (Rhetorik und Agitation wird angepasst; Gesinnungsgenossen werden zu Kriegern, alle Gegner zum Feind und somit zum Ziel von Angriffen, Verüben von Gewalt und Anschlägen als kriegerischer Akt).

173 Vgl. Schöninger 2005, S. 16.

174 Vgl. Böllinger, in: Kemmesies (Hrsg.) 2006, S. 59–70; Bötticher/Mareš 2012, S. 191.

175 Ergänzung um eigene Beispiele durch die Autorin.

Junge Menschen sind beeinflussbar und affin für kurzweilige Trends, ihre Ansichten wechseln zuweilen von einer Position übergangslos in die gegenteilige. Aber manchmal sind diese Veränderungen mehr als eine Laune, und manchmal erregen sie Besorgnis. Lehrer, Schulsozialarbeiter, Mitarbeiter von Jugendämtern und Jobcenter sind „an den Jugendlichen dran". Sie können Veränderungen aus einer Distanz heraus wahrnehmen, die den Eltern und Geschwistern häufig nicht möglich ist. Zudem verlaufen Radikalisierungsprozesse regelmäßig nicht völlig ohne äußere Anzeichen und wahrnehmbare Änderungen in Verhalten und Einstellungen. Diese Veränderungen gilt es zunächst zu realisieren und sie mit entsprechenden Fachstellen einzuordnen, damit eine frühzeitige Intervention eingeleitet werden kann.

2. Erkennen von Radikalisierungsprozessen

Um solche Prozesse zu erkennen, eigenen sich übliche Screening-Methoden. Ein solches könnte über nachfolgende Fragen[176] verfügen:

1. **Hat sich die Person im Aussehen innerhalb der letzten Monate verändert?**
   a. Wenn ja, in welcher Weise?
   b. Seit wann haben Sie den Eindruck, dass die Person sich äußerlich verändert?
   c. Sind Ihnen Symboliken aufgefallen, die die Person trägt (als Schmuckstück, als Tätowierung, als Aufdruck auf Kleidungsstücken)? Können Sie die beschreiben?
2. **Hat sich die Person im Verhalten Ihnen gegenüber innerhalb der letzten Monate verändert?**
   a. Wenn ja, in welcher Weise (detaillierte Schilderungen, gerne Wiedergabe der Situation)?
   b. Fühlen Sie sich von der Person (nach wie vor) respektiert? (Bitte genauer darlegen, warum nicht.)
   c. Haben sich die geäußerten Anliegen geändert (Abfall vom Traumberuf, Wunsch nach eigener Wohnung, etc.)?
   d. Wenn ja, wie wird dies begründet (z. B. Anführen religiöser Gründe, Ehrbarkeit, etc.)?
   e. Hat sich die Wahrnehmung von Pflichten geändert (Schulvermeidung, erscheint nicht mehr zu Terminen, hat Ausbildung ohne wichtigen Grund abgebrochen, etc.)?

176 Vgl. Dienstbühl, in: Forum Kriminalprävention 3/2015, Seite 17 f.

3. Haben Sie Veränderungen im Umfeld der Person wahrgenommen?
   a. Destabilisierende familiäre Veränderungen (z.B. Scheidung, Todesfall, etc.). Wenn ja, welche?
   b. Änderungen im sonstigen sozialen Umfeld (neuer Partner/neue Partnerin, neue Freunde, Begleitung zu Gesprächen im Jobcenter, etc.)?
   c. Berichten Angehörige/Freunde von einer Veränderung der Person im Verhalten zu ihnen oder anderen?

4. Können Sie bei der Person Abwesenheitszeiten feststellen?
   a. Wenn ja, wann und wie lange dauerten sie an?
   b. Wurden sie begründet? Und wenn ja, wie?
   c. Deckten sich die Begründungen mit Ihren Informationen, bzw. wurde die Abwesenheit entsprechend nachgewiesen (z.B. mit Flugticket, etc.)?

Mit diesen Fragen soll den pädagogischen Fachkräften die Möglichkeit gegeben werden, ihre Vermutung bezüglich einer Radikalisierung eines/einer Jugendlichen näher zu prüfen. Die Antworten erlauben eine systematische Beobachtung, die mit dem/der Vorgesetzten oder einem anderen Ansprechpartner erörtert werden können. Der Fragebogen ersetzt keineswegs eine Risikoeinschätzung von Sicherheitsbehörden, als Analyse-Instrument nützt es jedoch zur Entscheidung, ob die Sicherheitsbehörden eingeschaltet werden sollten, oder nicht. Der persönliche Eindruck kann damit verstärkt und erklärbar untermauert, aber möglicherweise auch abgeschwächt werden, wenn keine der Fragen auf eine radikalisierende Entwicklung hindeutet. Damit dieser Schritt leichter fällt, ist ein kompetentes Netzwerk enorm wichtig, mit dem Fälle unkompliziert und datenschutzkonform zunächst anonymisiert besprochen werden können.

3. Bedrohungsmanagement

Radikalisierungsprozesse verursachen beim Beobachter Unbehagen und zuweilen Furcht. Diese sind jedoch nicht zwangsläufig an Straftaten gebunden. Häufig stecken hinter dem Radikalisierungsprozess ganz andere Gründe als die Ideologie oder Religion; gerade bei jungen Menschen geht es oft um andere Themen (Orientierungslosigkeit, Broken-Home-Situation, Wunsch nach Anerkennung und Zugehörigkeit, etc.). Nachfolgende Fragen sollen Ihnen bei Ihrer Einschätzung helfen:

- Wenn Ihr Bauchgefühl Sie warnt: Was genau verursacht Ihnen an der Person Unbehagen? Was wirkt an ihr bedrohlich?
- Können Sie Aussagen und Symboliken einem Spektrum zuordnen?
- Gibt es zu diesem vor Ort eine aktive Szene?

- Hat die Person Gewaltbezug oder äußert sie sich entsprechend?

Bleiben Sie wachsam und dokumentieren Sie Ihre Beobachtungen. Ziehen Sie auch Kollegen/Ihren Vorgesetzten zu Rate, um Ihre Einschätzungen und ein mögliches weiteres Vorgehen zu besprechen.

4. Zusammenfassung

- Häufig bieten Behörden, die nicht mit der staatlichen Sicherheit befasst sind, sehr gute Möglichkeiten, Radikalisierungsprozesse früh wahrzunehmen.
- Der Veränderungsprozess, der mit einer Radikalisierung einhergeht, ist für Außenstehende häufig angsteinflößend und verunsichernd.
- Der Radikalisierungsprozess ist nicht zwangsläufig an Straftaten gebunden; dies schränkt zunächst den Handlungsspielraum für Sicherheitsbehörden ein.
- Wenn Sie den Eindruck haben, die Entwicklung einer Person nimmt gefährliche Züge an, kontaktieren Sie den Staatsschutz des zuständigen Polizeipräsidiums oder den Verfassungsschutz und bitten um eine anonyme Fallbesprechung. Auf diese Weise bleibt der Datenschutz gewahrt und die Polizei muss erst dann eingreifen, wenn Sie von einer Straftat berichten.

XIV. Umgang mit Reichsbürgern

Als Reichsbürger und Selbstverwalter bezeichnet man Personen, die aus unterschiedlichen Gründen die Bundesrepublik Deutschland als Republik ablehnen. Sie sind keineswegs als homogene Gruppierung zu verstehen, da sich deren Motive, Einstellungen und auch Ziele voneinander unterscheiden, mitunter sehr individuell sind und über den gesellschaftsabgewandten Eigenbrötler und Verschwörungstheoretiker hin zum pathologischen Querulanten reichen. Unterteilen kann man sie jedoch in Reichsbürger und Selbstverwalter, die Grenzen sind allerdings fließend. Reichsbürger gehen dabei von einem Fortbestand des Deutschen Reiches aus und erkennen deswegen die Bundesrepublik und ihre Institutionen nicht an. Sie besitzen zum Teil rechtsextremistische Ansichten und Kontakte, bzw. es gibt rechtsextreme Reichsbürger. Den Reichsbürgern ist gemein, dass nach ihren Vorstellungen Deutschland lediglich ein geduldetes Projekt der USA, bzw. dessen GmbH ist. Sie bezeichnen sich selbst bevorzugt als „natürliche Personen", „Angehörige des Freistaates Preußen" oder „Angehörige des deutschen Königreiches".[177] Nach Ansicht der Reichsbürger wie auch der Selbstverwalter habe Deutschland keine gültige Verfassung, sei somit als Staat nicht existent. Nach Verständnis rechtsorientierter Reichsbürger befindet sich Deutschland nach wie vor noch im Kriegszustand mit den Kriegsparteien des Zweiten Weltkrieges. Vor allem die neuen Bundesländer werden mangels Gründungsurkunden nicht als rechtmäßig verstanden. Reichsbürger gründen eigene Regierungen bzw. Monarchien mit ernannten Reichskanzlern oder Königen (z. B. in Sachsen-Anhalt mit eigenem „Königreich"). Sie stellen Phantasiepapiere aus und drucken eigenes Geld („Engelgeld").

1. Allgemeines zum Phänomen Reichsbürger

Reichsbürger existieren in unterschiedlichsten Ausprägungen seit Jahrzehnten. Ihre Geschichte beginnt direkt mit der Gründung der BRD, allerdings handelt es sich dabei eher um einzelne Meinungsansichten. Verbreitung findet das Phänomen dann in den 1980er Jahren und verstärkt seit der Wende. Mit pseudojuristischer Argumentation begründen Anhänger ihre Sichtweise und treten mit Phantasiedokumenten (Reichsausweisdokumente, Reichsfüh-

177 Vgl. Dienstbühl, in: Sicherheitsmelder vom 22. November 2016.

rerschein[178] etc.) in Erscheinung. Ab ca. 2010 werden sie aufgrund ihrer Agitation und ihrer Behauptungen im Internet häufiger in der Öffentlichkeit wahrgenommen. Reichsbürger sind nicht als homogene Gruppierung zu verstehen, denn die Begründung für die Nicht-Anerkennung des deutschen Staates ist durchaus unterschiedlich motiviert. Ihnen gemein ist die Ansicht, dass sämtliche Gesetze, Gerichtsurteile und amtliche Bescheide nichtig sind. Sie sind damit nicht per se Rechtsextremisten, die Gewalt anwenden, um eine Rassenideologie durchzusetzen. Gruppenweise befassen sie sich ausgeprägt mit Esoterik. Einige wollen lediglich „ohne Staat" leben, werden dabei jedoch auch straffällig, wenn sie beispielsweise ihre Kinder trotz Schulpflicht vom Unterricht fernhalten oder statt mit amtlichen Kennzeichen ein selbst angefertigtes Nummernschild am Auto anbringen und dies auch im Straßenverkehr bewegen. Die Aktivitäten der Szene gipfeln in der Einrichtung verschiedener „Regierungen" oder „Verwaltungen" bis hin zur Ausrufung eines eigenen Königreiches oder Staates. Hierzu zählen die von „Reichsbürgern" und „Selbstverwaltern" „aktivierten", „reaktivierten" oder „reorganisierten" Gemeinden. Mit ausufernden „Selbstermächtigungsschreiben" erklären Szeneangehörige eine Reichsbürger-Gemeinde als unabhängig von der Bundesrepublik Deutschland. Mitunter schicken sie auch Schreiben an ausländische Botschaften mit der Bitte, die von ihnen angeblich geschaffene Gemeinde oder Gebietskörperschaft (völkerrechtlich) anerkennen zu lassen. Ziel ist es, bei Behörden Verwirrung zu stiften, um die staatliche Eingriffsverwaltung zu behindern oder unmöglich zu machen. Nicht zuletzt erzielen die selbst ernannten „Verwaltungen" aber auch Einnahmen (z. B. Gebühren für die Ausstellung von „Reichsdokumenten" und durch den Verkauf von Devotionalien) durch Szeneangehörige. „Selbstverwalter" kennzeichnen die „eigenen" Gebiete teilweise durch Grenzziehungen oder Banner.

2. Aktuelle Entwicklungen

Der größte Teil der „Reichsbürger" und „Selbstverwalter" ist männlich (ca. 74 %) und älter als 40 Jahre, viele von ihnen sind bereits seit Jahren in der Szene aktiv.[179] Nach Einschätzung des Verfassungsschutzes wächst der Personenkreis.

178 In der Frage nach der Entziehung der Fahrerlaubnis hatte der VGH in Mannheim zu entscheiden, ob einem Reichsbürger die Fahrerlaubnis entzogen werden kann. Nach Urteil des VGH ist dies jedoch nur bei hinreichenden Anhaltspunkten für eine die Fahreignung ausschließende psychische Erkrankung der Fall (Az. 10 S 2000/17), vgl. Buschbeck, in: Sicherheitsmelder vom 26. März 2013.

179 Vgl. Bundesministerium des Inneren, für Bau und Heimat 2018 (Hrsg.), S. 91.

In Deutschland gibt es verteilt im Bundesgebiet etwa 19.000 Personen (Stand 2019) Reichsbürger und Selbstverwalter. Davon gelten 950 als Rechtsextremisten (2017 waren es 900 Rechtsextremisten).[180] Im Jahr 2017 verfügten rund 1.100 Reichsbürger und Selbstverwalter über waffenrechtliche Erlaubnisse.[181] Dieser Anteil von knapp 7 % der Szeneangehörigen mit waffenrechtlichen Erlaubnissen liegt höher als in der Gesamtbevölkerung (ca. 2 %).[182] Die vielen Sicherstellungen von Waffen und Munition im Zuge polizeilicher Maßnahmen im Berichtszeitraum belegen die hohe Waffenaffinität und stellen eine Risikogruppe innerhalb der Szene dar, der ein besonderes Augenmerk der Sicherheitsbehörden gilt. In vielen Fällen führten staatliche Behörden Entziehungsmaßnahmen durch, gegen die die Betroffenen jedoch häufig Rechtsmittel einlegten.[183] Die Verfahren dauern zumeist noch an. Bei diversen Exekutivmaßnahmen gegen „Reichsbürger" und „Selbstverwalter" wurden zahlreiche Waffen aufgefunden und sichergestellt. Zudem kann die Zahl der illegal bei Reichsbürgern befindlichen Waffen kaum seriös geschätzt werden. Zu sonstigen strafbaren Verhaltensweisen von „Reichsbürgern" und „Selbstverwaltern" zählen unter anderem Beleidigungen, Nötigungen, Bedrohungen gegenüber Repräsentanten.

2012 sendeten Mitglieder der Gruppe „Die Reichsbewegung – Neue Gemeinschaft von Philosophen (NGvP)" Morddrohungen an jüdische und islamische Mitbürger per Brief und Aufrufe zum Mord via Internet. In diesen war von „standrechtlicher Erschießung" die Rede, wenn die Angeschriebenen Deutschland nicht verließen. Die Schriften zeugten von exzessivem Judenhass, Rassismus und von Verschwörungstheorien. Während die Urheber nie identifiziert werden konnten und auch keine Fälle bekannt wurden, in denen diese Drohungen umgesetzt wurden, so offenbaren sie eine Ideologie, die sich mit der Vernichtung von Menschen beschäftigt und diese legitimiert. Alarmiert durch diese Drohungen stellte sich die Frage nach der Personenstärke der Reichsbürger. Insbesondere rechtsextreme Strömungen in der Bewegung wurde nach Angaben der Bundesregierung durch Einschätzung des Bundesamtes für Verfassungsschutz im unteren dreistelligen Bereich verortet.[184]

Nicht nur aufgrund extremistischer Tendenzen beschäftigen die Reichsbürger deutsche und ausländische Behörden. Generell werden ganz unterschiedliche Ämter zur Zielscheibe der Reichsbürger und ihrer Vorstellun-

180 Vgl. Bundesministerium des Inneren, für Bau und Heimat 2018 (Hrsg.), S. 98.

181 Vgl. Bundesministerium des Inneren, für Bau und Heimat 2018 (Hrsg.), S. 95.

182 Vgl. Bundesamt für Verfassungsschutz (BfV) vom 31. März 2018.

183 Siehe z.B. den Beschluss des VGH München vom 5. Oktober 2017–21 CS 17.1300, nach Klage aufgrund des Widerrufes einer waffenrechtlichen Erlaubnis durch die Stadt Fürth gegen einen Reichsbürger.

184 Vgl. Dienstbühl, in: Sicherheitsmelder vom 22. November 2016.

gen. Verwaltungen, Kommunen und Hochschulen werden beispielsweise mit Geld- oder Schadensersatzforderungen konfrontiert. Beispielsweise mittels der sogenannten „Malta-Masche“ werden Behördenoberhäupter ins Schuldenregister Uniform Commercial Code (UCC) des Bundesstaates Washington eingetragen, um dann über ein Inkasso-Unternehmen auf Malta Forderungen gegen die jeweilige Behörde durchzusetzen. Solche Vorgehensweisen wurden unter anderem in Thüringen und Nordrhein-Westfalen beobachtet.[185]

Weiterhin gab es in unterschiedlichen Behörden bislang vereinzelt Auseinandersetzungen zwischen Angehörigen der Reichsbürgerbewegung und Mitarbeitern, beispielsweise wegen Verweigerung amtlicher Beglaubigungen von Scheindokumenten. Zudem kam es zu Übergriffen gegenüber Gerichtsvollziehern durch Reichsbürger. Ein bekanntes Beispiel für diverse Konfrontationen bietet das Strafregister des Reichsbürgers und selbst ernannten „Obersten Souverän“ des „Königreich Deutschland“ *Peter Fitzek*. Dieser hat u.a. wegen vorsätzlichen Fahrens ohne Fahrerlaubnis und gefährlicher Körperverletzung über 30 Eintragungen im Bundeszentral- und Verkehrsregister. Beispielsweise ging er in einer Schule zwei Lehrerinnen an, weil er den Sexualkundeunterricht in den Schulen nicht billigt.[186]

Zur Verbreitung der eigenen Auffassungen entwickeln die Szeneangehörigen ständig neue Varianten und Wege. Eine weitverbreitete Strategie ist dabei die Überflutung von Behörden mit pseudojuristischen, langatmigen Schreiben in einer oftmals aggressiven Diktion. Vielfach suchen „Reichsbürger“ und „Selbstverwalter“ aber auch die unmittelbare Konfrontation mit Mitarbeitern der Behörden. Sie belästigen diese durch vielfache Anrufe oder persönliche Vorsprachen. Die Gespräche zeichnen sie mitunter auf und veröffentlichen sie gegen den Willen ihrer Gesprächspartner im Internet. Ziel dieser Vorgehensweise ist es, die behördliche Arbeit zu stören und lahmzulegen sowie die Mitarbeiter einzuschüchtern und bloßzustellen. Die Szene lehnt vielfach Ausweisdokumente der Bundesrepublik Deutschland als unwirksam ab und propagiert stattdessen eigene Dokumente, Urkunden und Nummernschilder.

185 Ebd.

186 Ebd.

3. Bedrohungsmanagement

In Sachsen wurden unlängst Handlungsempfehlungen im Umgang mit Reichsbürgern herausgegeben, da vor allem Mitarbeiter im öffentlichen Dienst beunruhigt über deren Aktivitäten und vor allem deren Auftreten sind. Diese ähneln solchen, die generell auch im Umgang mit querulatorischen Persönlichkeiten empfohlen werden können.

Diskussionen mit Reichsbürgern sind generell zu vermeiden. Bestehen Sie deswegen darauf, dass alle Anliegen in schriftlicher Form eingereicht werden.

- Mündlich wird keine Auskunft erteilt, sondern ebenfalls nur schriftlich erwidert, in kurzer und prägnanter Form (Rechtssicherheit).
- Dienstlicher Schriftwechsel sollte auf das absolut Notwendigste beschränkt bleiben.
- In alle Vorgänge sollten die Führung (z. B. die Amtsleitung) und das Justiziariat eingebunden sein.
- In Fällen von Ordnungswidrigkeiten sollte umgehend die Polizei informiert werden.
- Strafrechtlich relevante Verhaltensweisen wie bspw. Beleidigungen und Drohungen sollten unverzüglich den Strafverfolgungsbehörden angezeigt werden.
- Materialien von Reichsbürgern mit augenscheinlich rechtsextremistischen/strafrechtlich relevanten Inhalten sollten dem zuständigen Landesamt für Verfassungsschutz übermittelt werden; entsprechende Strafanzeigen sind zu stellen.
- Wenn sich Reichsbürger an Behörden wenden, um sich eigens erstellte Urkunden und andere pseudo-amtliche Schriftstücke beglaubigen zu lassen, verweigern Sie die Beglaubigung (schriftlich nach schriftlichem Antrag, s. o.).
- Erfahren Sie von der Nichteinhaltung der Schulpflicht, ist das zuständige Jugendamt zu informieren.[187]

„Reichsbürger“ und „Selbstverwalter“ beanspruchen rechtswidrig hoheitliche Rechte und Aufgaben, insbesondere im Umgang mit Behörden und staatlichen Stellen. Hierzu produzieren und vertreiben sie zum Beispiel Fantasieausweise oder nehmen Änderungen an ihren Kfz-Kennzeichen vor. Zahlreiche Protagonisten erzielen mit Szeneschulungen und „Rechtsberatungen“ erhebliche Einnahmen. Dies gilt besonders für sogenannte Rechtskonsulenten und deren „Ausbilder“. Diese geben vor, auf dem Gebiet des „Reichsrechtes“ bewandert zu sein und prüfen in diesem Zusammenhang

187 Ausführlich zu Anliegen und Umgang mit Reichsbürgern, vgl. Caspar/Neubauer, in: Speit (Hrsg.) 2018, S. 79 ff.

auch Rechtsangelegenheiten anderer. Weiterhin treten sie als „Rechtsbeistände" in Gerichtsverfahren auf. Selbst ernannte „Rechtsbeistände" angeblicher Justizopfer behindern damit gezielt die Justiz. Andere maßen sich an, als Gerichtsvollzieher aufzutreten.

Wie gefährlich Anhänger der Reichsbürgerideologie sein können, hat der tödlich endende Einsatz am 19. Oktober 2016 gezeigt. Es handelte sich dabei allerdings nicht um eine generell militante Bewegung mit einheitlichen Vorstellungen. Jedoch können gerade rechtsextreme Strömungen zu einer echten Gefährdung werden, zumal zu befürchten ist, dass sie sich via Internet vernetzen und somit in ihren staatsfeindlichen Absichten bis hin zur Gewalt bestärken. Regelmäßig fallen Reichsbürger eher wegen ihrer querulatorischen Verhaltensweisen bei einzelnen Behörden auf. Da auch augenscheinlich harmlose Sachverhalte jedoch zu handfesten Auseinandersetzungen führen können, sollten Mitarbeiter von Behörden oben genannte Handlungsanweisungen beherzigen und auftretende Auseinandersetzungen direkt den Vorgesetzten mitteilen.

4. Zusammenfassung

Seit dem tödlichen Angriff vom 19. Oktober 2016 stehen die Reichsbürger unter strikterer Beobachtung der Sicherheitsbehörden, die Einschätzung hinsichtlich des Gefährdungspotentials wurde von den Landesämtern für Verfassungsschutz größtenteils vorsichtig nach oben korrigiert. Aktuell stellt sich zudem die Frage, ob gerade die extremistische Strömung wächst und ob sie in ihren Grundgedanken in Deutschland populärer werden kann.[188] Egal, ob es sich bei Reichsbürgern und Selbstverwaltern auch um solche Personen handelt, die Deutschland schlichtweg für keinen Staat halten: Sie alle lehnen ihn damit ab.

Für Angehörige von Behörden bedeutet das:

- Latente Gefährdung durch ein überdurchschnittliches Waffenaufkommen.[189]
- Belastung durch niedrigschwellige Einsätze, z. B. wegen Belästigung von Behörden mit unrealistischen Anliegen (z. B. Aufforderung zur Beglaubigung von Fantasiedokumenten) und damit einhergehendem Hausfriedensbruch oder Außerachtlassen der Schulpflicht der Kinder, etc.

188 Einer der bekanntesten Vertreter ist das RAF-Gründungsmitglied und ehemaliger Linksextremist Horst Mahler, der seit den 1990er Jahren als Rechtsextremist von sich reden macht, und seine ehemalige Lebensgefährtin, die verurteilte Leugnerin des Holocaust, Sylvia Stolz.

189 Ausführlich zur Gefährdung durch Waffenbestände bei Reichbürgern, vgl. Janz/Speit, in: Speit (Hrsg.) 2018, S. 123 f.

- Finanzielle Nöte der Reichsbürger aufgrund wenig vorhandener Arbeitsverhältnisse können zu Kriminalität und Gewalt führen.
- Angehörige sämtlicher Behörden und staatlicher Einrichtung als Feindbild und im schlimmsten Fall Zielscheibe.
- Betrachtungsweise der Reichsbürger, dass sie selbst eine eigene Polizei haben/selbst die echte Polizei seien, damit Aberkennen polizeilicher Maßnahmen und Verdrehung der Rechtslage.[190]

190 Vgl. Janz/Speit, in: Speit (Hrsg.) 2018, S. 124 ff.

XV. Umgang mit Vandalismus und Sachbeschädigung

Vandalismus und Sachbeschädigung im öffentlichen Raum gehören schon beinahe zu einem städtischen Erscheinungsbild.

> **Sachbeschädigung gem. § 303 StGB**
>
> (1) Wer rechtswidrig eine fremde Sache beschädigt oder zerstört, wird mit Freiheitsstrafe bis zu zwei Jahren oder mit Geldstrafe bestraft.
> (2) Ebenso wird bestraft, wer unbefugt das Erscheinungsbild einer fremden Sache nicht nur unerheblich und nicht nur vorübergehend verändert.
> (3) Der Versuch ist strafbar.

Vandalismus beinhaltet nicht selten politische Statements. In diesen Fällen ist stets der Staatsschutz zu informieren.

1. Bedrohungsmanagement

Dokumentieren Sie Vorfälle. Richten Sie ein behördeninternes Dokumentationssystem ein, auf das alle Mitarbeiter zugreifen können, um Übergriffe objektiv zu erfassen und Gewaltvorfälle aufarbeiten zu können.

Konsequenterweise sollte gegen auffällige Personen:

- ein Hausverbot (siehe Kapitel XXIII., S. 176) ausgesprochen und dies dokumentiert werden;
- beim Vorliegen einer Straftat eine Strafanzeige erstattet werden.

Betreffen Sie eine Person auf frischer Tat, verständigen Sie umgehend die Polizei.

Greifen Sie vor allem dann nicht ein, wenn

- es sich um mehrere Täter handelt;
- der oder die Täter alkoholisiert sind oder intoxikiert wirken;
- der oder die Täter in einem regelrechten Gewaltexzess voller Zerstörungswut handeln.

Gewaltexzesse gegen Gebäude, Autos und sonstige Gegenstände können, während sie ausgeführt werden, auch auf Personen durch die Aggressoren übertragen werden. Je heftiger Gewalthandlungen gegen Sachen sind, desto gefährlicher ist die Situation. Entsprechend sollte niemand versuchen, aggressive Randalierer selbst aufzuhalten. Ihre Gesundheit hat Vorrang vor der Abwendung eines Sachschadens!

2. Zusammenfassung

- Bemerkte Sachbeschädigungen sind generell anzuzeigen.
- Wird ein Täter auf frischer Tat betroffen, sollte man umgehend die Polizei rufen. Begeben Sie sich auf keinen Fall in Gefahr.
- Insbesondere bei intensiver Gewaltausübung im Kontext einer möglichen Alkoholisierung oder Intoxikation sollte eine Konfrontation mit dem Aggressor unbedingt vermieden werden.

XVI. Sexuelle Gewalt und sexuelle Belästigung

Generell steht jede Anwendung von Gewalt gegen Menschen unter Strafe. Dies gilt entsprechend für jede Form von Gewalt mit einem sexuellen Bezug. Strafbar macht sich dann nicht nur, wer sexuelle Handlungen mit Gewalt oder Gewaltandrohung erzwingt. Nach der Novellierung des Sexualstrafrechts im November 2016 sollen auch Fälle, in denen ein Übergriff gegen den erkennbaren Willen des Opfers stattfindet, sanktioniert werden. Mit diesem sollte der Grundsatz „Nein heißt Nein!" auch eine gesetzliche Verankerung finden.[191] Doch tatsächlich schützt das Recht und die Androhung von Strafe nicht vor tatsächlichen Übergriffen.

Straftaten gegen die sexuelle Selbstbestimmung bezeichnet im deutschen Strafrecht den dreizehnten Abschnitt des StGB. Er definiert das Sexualstrafrecht in Deutschland. Als **Straftaten gegen die sexuelle Selbstbestimmung** als Rechtsgut gelten die §§ 174–184j StGB.

Insbesondere sexuelle Belästigung am Arbeitsplatz ist häufig ein Reizthema, dessen Debatten häufig stark klischeebehaftet geführt werden. Es ist dabei festzuhalten, dass sexuelle Gewalt und Belästigung sowohl innerhalb einer Behörde/eines Unternehmens als auch durch Antragsteller, Ratsuchende oder Besucher vorgenommen werden können.

1. Definition und Abgrenzung

Zunächst muss geklärt werden, wann sexuelle Gewalt und wann eine sexuelle Belästigung vorliegt:

Sexuelle Gewalt bezieht sich in erster Linie auf physische Gewalteinwirkung und damit den Missbrauch. Das Motiv für sexualisierte Gewalt ist nicht Sexualität an sich, sondern Macht. Sexualität wird funktionalisiert, um die Opfer zu demütigen, sie zu erniedrigen und zu unterdrücken, mit dem Ziel, sich selbst als mächtig zu erleben. Das Opfer wird durch Zwang, durch das Brechen seines Willens dominiert.

191 Vgl. insbesondere die Novellierung des § 177 StGB.

Bei einer **sexuellen Belästigung** geht es nicht um einen Flirt[192] oder ein simples Kompliment. Vielmehr geht es darum, sexuelle Anspielungen oder Zuschreibungen gegenüber einer Person vorzunehmen, die daran kein Interesse hat bzw. der diese Inhalte unangenehm sind. Solche kann persönlich erfolgen, aber beispielsweise auch via unerwünschtem *Sexting*[193] per Email oder ähnlichem.

Eine **sexuelle Belästigung gem. § 3 Abs. 4 AGG** liegt vor, wenn

„[...] ein unerwünschtes, sexuell bestimmtes Verhalten, wozu auch unerwünschte sexuelle Handlungen und Aufforderungen zu diesen, sexuell bestimmte körperliche Berührungen, Bemerkungen sexuellen Inhalts sowie unerwünschtes Zeigen und sichtbares Anbringen von pornografischen Darstellungen gehören, bezweckt oder bewirkt, dass die Würde der betreffenden Person verletzt wird, insbesondere wenn ein von Einschüchterungen, Anfeindungen, Erniedrigungen, Entwürdigungen oder Beleidigungen gekennzeichnetes Umfeld geschaffen wird.“

2. Bedrohungsmanagement

Prävention

Sexualstraftäter und Personen, die bewusst andere Menschen sexuell nötigen, suchen sich für ihre Taten bevorzugt Schwächere aus. Sie suchen Opfer und fürchten Gegner. Somit ist der erste Schritt, um sich vor solchen Tätern zu schützen, ein sicheres und selbstbewusstes Auftreten. Sicheres, selbstbewusstes und konsequentes Auftreten kann man lernen. Die Täter entscheiden oft intuitiv, ob ihr Gegenüber „geeignet“ ist. Kriterien für ihre Entscheidung, wen sie als Opfer aussuchen, sind unter anderem Körpersprache, Gestik und Mimik. Die Polizei empfiehlt, Überfallsituationen gedanklich durchzuspielen, um Strategien und Handlungsfähigkeit zu entwickeln: Welche Wege könnten Sie nutzen und wie verhalten Sie sich in einer für Sie bedrohlichen Situation?[194]

Im Falle einer (beginnenden) Belästigung ist es ratsam, den Belästiger offensiv, laut und deutlich auf sein Verhalten anzusprechen, z.B. „Ich verbitte mir derartige Anspielungen!“, „Fassen Sie mich nicht an!“, etc. Auch eine Konsequenz sollten Sie bereits im Kopf haben, wenn Sie davon ausgehen, dass die Belästigungen sonst weitergehen (z.B. Meldung beim Vorgesetzten, wenn es sich um Kollegen handelt, Strafanzeige oder Hausverbot bei einer fremden Person).

192 Flirts oder Erotik am Arbeitsplatz sind keine Belästigung, wenn sie beiderseits gleichermaßen erwünscht sind, vgl. Meschukat/Holzbecher, in: Krell 1998, S. 398.

193 Versenden von Nachrichten mit erotischen Inhalten.

194 Vgl. Polizeipräsidium Köln (Hrsg.) 2017, S. 7.

Intervention

Nach §§ 12 AGG ist der Arbeitgeber (die Dienststellenleitung) verpflichtet, die Beschäftigten vor sexuellen Belästigungen zu schützen und im Fall einer sexuellen Belästigung mit geeigneten Maßnahmen dagegen vorzugehen.

- Wenn Sie Betroffene sind oder Kenntnis von einer sexuellen Belästigung haben, holen Sie sich umgehend Unterstützung. In der Behörde können Sie beispielsweise die Gleichstellungsbeauftragte oder auch den Vorgesetzten kontaktieren und über die Geschehnisse informieren.
- Einige Behörden verfügen über einen eigenen Psychologischen Dienst, der hinzugezogen werden kann.
- Über den Vorgang der sexuellen Belästigung sind keine Vermerke zur Personalakte der belästigten Person zu nehmen. Personen, die sich gegen sexuelle Belästigung wehren oder Betroffene unterstützen, dürfen daraus zu keinem Zeitpunkt dienstliche Nachteile erleiden.
- Gegen den Willen der von sexueller Belästigung betroffenen Personen sollen keine Maßnahmen eingeleitet werden, es sei denn, es liegt strafrechtlich relevantes Verhalten vor, sodass bei deren Kenntnis eine Anzeige verpflichtend ist. Dies gilt ebenfalls nicht, wenn zu befürchten ist, dass die sexuelle Belästigung gegenüber weiteren dritten Personen nicht ausgeschlossen werden kann.

Opferwerdung und Anzeigeerstattung

Wenn es zu einem schwerwiegenden sexuellen Übergriff kam, befinden sich die Opfer in einer Ausnahmesituation. Viele versuchen, die Tat ganz alleine zu verarbeiten; aus Scham vor dem Erlebten schweigen viele Opfer. Andere haben Angst, man würde ihnen nicht glauben, davor, der Täter könnte sich bei einer Strafanzeige rächen oder sie haben Angst vor allem, was eine Strafanzeige mit sich zieht. Aus diesem Grund erstatten viele Opfer keine Strafanzeige. Dies führt dazu, dass nur ein prozentualer Anteil an Straftaten wirklich bekannt wird, während die Kriminalitätsrealität maßgeblich im Dunkelfeld bleibt.[195]

Tatsächlich ist die Erstattung der Anzeige ein Prozess, der das Opfer weiter belasten kann, insbesondere dann, wenn eine medizinische Untersuchung notwendig ist[196] und gerade im Fall eine erfolgten Vergewaltigung ist das Opfer entsprechend vulnerabel.[197]

195 Wenn eine Straftat bei der Polizei angezeigt und der Vorgang an die Staatsanwaltschaft weitergeleitet wird, dann wird diese Tat in der Polizeilichen Kriminalstatistik (PKS) gezählt. Ohne Anzeige werden Straftaten also nicht gezählt und sind somit dem Dunkelfeld zuzuordnen.

196 In diesem Kontext spricht man auch von der Sekundären Viktimisierung durch Personen, die mit dem Opfer aufgrund der Tat Kontakt haben (z. B. durch das Stellen von Fragen, etc.).

197 Vgl. Dienstbühl/Meyer, in: Deutsche Polizei 12/2017, S. 4 ff.

Die Polizei bittet die Opfer, ihnen dennoch zu vertrauen:[198]

- „Wenden Sie sich an jemanden, dem Sie vertrauen und dem Sie sich anvertrauen können. Auch wenn Sie unsicher sind oder Angst vor dem Täter oder der Reaktion der Menschen Ihres Umfeldes oder vor dem Ermittlungs- und Gerichtsverfahren haben. Bleiben Sie mit Ihren Ängsten nicht alleine.
- Erstatten Sie eine Anzeige so zeitnah wie möglich, am besten sofort nach der Tat, auch wenn es Sie viel Überwindung kostet. Waschen Sie sich vorerst nicht und auch nicht die Bekleidung, die Sie bei der Tat getragen haben. Diese können Sie wechseln, sollten Sie aber auf jeden Fall wegen der an ihnen befindlichen Spuren der Polizei übergeben. Die frühzeitige Spurensicherung ist von großer Bedeutung, da sie ein wichtiger Bestandteil der Beweisführung in dem weiteren Verfahren ist und zudem Ihre Angaben bestätigen kann.
- Wählen Sie den Notruf 110 der Polizei. Sie können sich aber auch an jede Polizeidienststelle oder unmittelbar an die Fachdienststelle wenden. Dort werden Sie gebeten zu schildern, was wann wo passiert ist. Bei allen weiteren Schritten werden Sie nicht alleine gelassen. Polizeibeamtinnen und Polizeibeamte begleiten und unterstützen Sie. Alles was Ihnen angetan wurde, wird in einer Anzeige zunächst kurz und später umfangreich in einer Vernehmung aufgeschrieben. Je nachdem wird zuvor oder anschließend die Sicherung der Spuren an Ihnen und an Ihrer Kleidung durchgeführt.
- Sie werden in ein Krankenhaus begleitet, in dem je nach Ihrem Geschlecht eine gynäkologische, beziehungsweise körperliche Untersuchung durch einen Facharzt/eine Fachärztin durchgeführt wird. Alle dabei gesicherten Spuren werden als Beweismittel in das Ermittlungsverfahren eingebracht und dienen dazu, dem Täter die Tat nachzuweisen.
- Die Ärzte werden Sie auch über mögliche Folgen eines erzwungenen Geschlechtsverkehrs aufklären und gemeinsam mit Ihnen Maßnahmen ergreifen, um zum Beispiel die Ansteckung mit einer Krankheit zu verhindern oder weibliche Opfer vor einer ungewollten Schwangerschaft zu bewahren.
- Auch wenn Sie womöglich noch unentschlossen sind, ob Sie die Polizei einschalten oder nicht, lassen Sie sich dennoch umgehend untersuchen. Dies ist auch ohne Kenntnis der Polizei und für Sie kostenlos möglich. Bestimmte Krankenhäuser führen eine Anonyme Spurensicherung durch. Bei einer nachträglichen Anzeigenerstattung, die später noch jederzeit erfolgen kann, können dann die zuvor anonym gesicherten Spuren als Beweismittel dem Ermittlungsverfahren hinzugefügt werden.

198 Nachfolgende Hinweise sind der Broschüre „Sexuelle Gewalt“ des Polizeipräsidiums Köln (Hrsg.) 2017, S.8 ff. entnommen und gekürzt wiedergegeben.

- Wenn Sie sich zur Anzeigenerstattung entschließen, ist die Polizei vor, während und nach Abschluss der Vernehmung und der Untersuchungen für Sie da und gibt Ihnen Informationen über Beratungsstellen und Hilfeorganisationen, die Ihnen weiter zur Seite stehen.
- Sie müssen das alles auch nicht alleine bewältigen, sondern können sich die ganze Zeit über von einer Person Ihres Vertrauens, egal ob aus Ihrem Freundeskreis oder aus einer Rechtsanwaltskanzlei, begleiten lassen.
- Durch die Erstattung einer Anzeige schaffen Sie die Voraussetzung dafür, dass der Täter oder die Täterin im Rahmen einer Gerichtsverhandlung verurteilt wird. Eine Anzeige kann hilfreich bei der Durchsetzung von Schadensersatzansprüchen beziehungsweise Schmerzensgeldforderungen sein. Durch eine Strafanzeige schützen Sie sich und auch andere möglicherweise davor, erneut ein Opfer desselben Täters zu werden.
- Nach Abschluss der Ermittlungen wird die Akte an die Staatsanwaltschaft weitergeleitet, die über die Anklageerhebung entscheidet."

Information zur Anzeige bei der Polizei

- **Wann**: Möglichst sofort nach der Tat.
- **Wo**: Bei der Polizei über die Notrufnummer 110, auf jeder Polizeidienststelle oder auf der Fachdienststelle.
- **Ablauf**:
- Anzeigenaufnahme
- Sicherstellung von Beweismitteln (z. B. Kleidung)
- Spurensicherung und Untersuchung im Krankenhaus durch Fachärzte
- Vernehmung durch die Fachdienststelle; in den Abend- bzw. Nachtstunden durch die Kriminalwache
- Informationen zu Beratungsstellen/Hilfeorganisationen
- Nach Abschluss der polizeilichen Ermittlungen **Weiterleitung an die Staatsanwaltschaft**;
- Entscheidung über Anklageerhebung
- **Gerichtsverhandlung**

3. Zusammenfassung

- Sexuelle Gewalt ist der Deliktsbereich mit dem höchsten Dunkelfeld; das bedeutet, die meisten Betroffenen zeigen eine solche Tat nicht an.
- Die wirksamste Prävention besteht neben der Aufmerksamkeit für die Umgebung vor allem in einem selbstbewussten und bestimmten Auftreten.

- Schon „kleine" Übergriffe sollten Sie sich entschieden verbitten und sich Unterstützung hinzuziehen.
- Wenn Sie Opfer einer Vergewaltigung werden, vertrauen Sie sich einer Ihnen nahestehenden Person an und lesen Sie die Informationen der Polizei (s. o.) in Ruhe durch. Bleiben Sie mit dem Erlebten nicht alleine, es gibt Einrichtungen und Beratung, die Ihnen helfen und Sie begleiten (siehe auch Kapitel XXVIII).
- In jedem Fall gilt: Die Schuld liegt beim Täter alleine, nicht bei Ihnen als Opfer.

XVII. Häusliche Gewalt

Häusliche Gewalt galt in Deutschland lange Zeit als Privatangelegenheit, insbesondere zwischen verheirateten Paaren. Mittlerweile ist die Sensibilität für diese Art von Gewalt deutlich größer geworden. Allerdings schauen Menschen im nahen Umfeld noch viel zu häufig weg, weil sie sich nicht einmischen oder keinen Ärger riskieren wollen. Dabei kann Intimpartnergewalt zum Tod des Opfers führen.

Doch auch für den Arbeitgeber ist Häusliche Gewalt ein Thema: Zum einen betrifft die Gewalt die Gesundheit und damit die Leistungsfähigkeit betroffener Mitarbeiter, zum anderen haben die Betroffenen häufig außerhalb ihrer Arbeit, aufgrund eines strengen Kontrollrahmens, in dem sie sich bewegen, keine Chance, sich Rat und Hilfe zu suchen. Entsprechend tut ein Arbeitgeber gut daran, Beratungen in diesem Rahmen anzubieten.

In der kriminalstatistischen Auswertung des BKA zur Partnerschaftsgewalt wurden im Jahr 2018 114.000 Frauen in Deutschland von ihrem Partner oder Ex-Partner misshandelt, gestalkt oder bedroht. 122 Frauen wurden von ihrem Partner oder Ex-Partner getötet. Nicht nur Frauen werden Opfer: Das BKA registrierte zudem 26.000 Männer, die von ihren Partnerinnen oder Ex-Partnerinnen bedroht, genötigt oder angegriffen wurden. Der Trend der vergangenen Jahre, mit einem Anstieg der Fallzahlen in diesem Kriminalitätsfeld, setzt sich damit fort.[199]

Doch die registrierten Taten stellen tatsächlich lediglich die Spitze des Eisbergs dar, denn gerade Häusliche Gewalt besitzt ein enorm hohes Dunkelfeld. Es ist davon auszugehen, dass weitaus mehr Frauen von Häuslicher Gewalt betroffen sind. Entsprechend arbeiten Opfer von HG auch im öffentlichen Dienst.

1. Allgemeines zu Häuslicher Gewalt

Gewalt in Partnerschaften oder durch den Ex-Partner kann sowohl physisch, psychisch, sexuell, wirtschaftlich und/oder emotional sein. Trotz der Individualität jeder (Gewalt-)Beziehung lassen sich übertragbare Muster erkennen. Es geht dem gewaltausübenden Partner in erster Linie um Macht. Den Partner zu dominieren und ihm bei Bedarf Gewalt anzutun, zeigt gleichzeitig eigene Defizite auf: Es ist dem aggressiven Partner nicht mög-

199 Vgl. BKA 2019, S. 5.

lich, sich in anderer Art (z. B. argumentativ) durchzusetzen oder mit erlebten Kränkungen und Frustrationen angemessen umzugehen, die möglicherweise nichts mit der Partnerschaft zu tun haben (z. B. Stress im Arbeitsleben, etc.).

Häufig zeigt sich, dass die Täter als Kinder selbst Gewalterfahrungen in ihren Familien gemacht haben. Um sein eigenes Unvermögen zu rechtfertigen, werden dem Opfer in Gewaltbeziehungen Vorwürfe gemacht, es bekommt die Schuld für das Empfangen von Gewalt zugewiesen. Neben physischer und/oder sexueller Gewalt werden Betroffene in Abhängigkeitsverhältnissen gehalten und sozial isoliert. Auch dies ist ein Grund, warum Gewalt in Beziehungen so selten angezeigt wird.

2. Kennzeichen Häuslicher Gewalt

- Emotionale Bindung zwischen der Gewalt ausübenden Person und dem Opfer.
- Die Gewalt findet meist nur im privaten Raum statt.
- Die körperliche und/oder die psychische Integrität des Opfers wird durch aggressive Handlungen wiederholt verletzt.
- Die Gewalt ausübende Person nutzt ein existierendes Machtgefälle zu seinem Opfer aus.
- Entsprechende Taten werden selten durch das Opfer angezeigt.

Opfer von häuslicher Gewalt tun oft alles, damit ihr Problem von Außenstehenden nicht wahrgenommen wird. Insbesondere im Arbeitsverhältnis setzen sie alles daran, zu funktionieren und eine Fassade aufrechtzuerhalten. Dabei geht es nicht zwangsläufig darum, den Partner als Täter zu schützen, sondern die Opfer möchten sich das letzte Stück Kontrolle, dass sie in Abwesenheit des Täters besitzen, bewahren. Entsprechend ist es eher selten, dass Opfer häuslicher Gewalt mit sichtbaren Blessuren zur Arbeit erscheinen.

Muster von Opfertypen	**Handlungsmacht**	**Perspektive zur Beziehung**	**Verlaufskonzept**
Rasche Trennung	durchgehend aktiv, klare Vorstellungen	distanziert, Gewalt abgeschlossen	abruptes Ende nach kontinuierlicher Verschlechterung
Neue Chance	durchgehend aktiv, tw. ineffektiv, klare Vorstellungen, Impulse durch Außen	weiterhin „wir", andauernde Beziehung	Episoden unterbrechen Normalität, Entschuldigungsgründe, Erwartungen
Fortgeschrittener Trennungsprozess	unterschiedlich (fehlend, dann anwachsend oder durchweg gegeben)	endgültiger Bruch und abgeschlossen	Dramatik, Zuspitzung
Ambivalente Bindung	nur ansatzweise, passiv, ineffektiv, Hilflosigkeit, übermächtiger Partner	keine Distanz, Vermischen Vergangenheit u. Gegenwart	Kreislauf, Verschlimmerungen ohne Veränderungen

Tabelle nach Helfferich 2006: Typologie nach Hermeneutische Diagnostik von Beziehungs- und Trennungsmustern

3. Bedrohungsmanagement

Immer mehr Arbeitgeber sind für das Thema Häusliche Gewalt sensibilisiert und bieten Hilfestellungen am Arbeitsplatz an.[200] Häufig ist es den Betroffenen nicht möglich, sich außerhalb ihrer Arbeitszeit Rat einzuholen, weil der gewalttätige Partner zudem ein hohes Maß an Kontrolle ausübt, um zu verhindern, dass das Opfer sich Hilfe sucht.

Wenn ein Opfer von Häuslicher Gewalt Beratung sucht, dann bedeutet das nicht, dass es sich automatisch (jetzt) vom Partner trennen will. Einige wollen einfach nur ihre Situation einem anderen Menschen anvertrauen oder auch wissen, wie sie sich im Falle einer Eskalation am besten vor Gewalt schützen können. Entsprechend wichtig ist es, die Personen nach dem Anliegen zu fragen und nicht zu bedrängen, den gewalttätigen Partner zu verlassen. Die Entscheidung muss sie für sich treffen.

Man sollte jedoch versuchen, das Gewaltrisiko einzuschätzen:

- Steigert sich die Gewalt?
- Gibt es Morddrohungen?
- Wenn ja: Wie konkret sind diese formuliert und wäre der Gewalttäter dazu in der Lage?

200 Vgl. N.N., in: Frauen im dbb 2/2013, S. 4.

Um Risiken einzuschätzen bietet sich eine **Zeitstrahlanalyse** an, in die die Gewalthandlungen eingetragen werden: In diese tragen Sie in eine Zeitachse zunächst alle Gewalthandlungen und anschließend weitere Ereignisse ein, die für Opfer und Täter relevant sind (z.B. Scheidung, Tod einer Bezugsperson, Arbeitsplatzverlust oder Wechsel, etc.). Mit dieser einfachen Methode können Sie die Entwicklungen genauer nachzeichnen und eine Bewertung der Gefährdung vornehmen.

Wird die Gefährdung (von der Polizei) als solche eingeschätzt, dann kann auf Antrag des Opfers ein angerufener Familienrichter gerichtliche Maßnahmen zum Schutz vor Gewalt und Nachstellungen anordnen. Das Gericht kann insbesondere anordnen, dass der Täter es unterlässt,

1. die Wohnung der verletzten Person zu betreten,
2. sich in einem bestimmten Umkreis der Wohnung der verletzten Person aufzuhalten,
3. zu bestimmende andere Orte aufzusuchen, an denen sich die verletzte Person regelmäßig aufhält,
4. Verbindung zur verletzten Person, auch unter Verwendung von Fernkommunikationsmitteln, aufzunehmen,
5. Zusammentreffen mit der verletzten Person herbeizuführen, soweit dies nicht zur Wahrnehmung berechtigter Interessen erforderlich ist (§ 1 Abs. 1 GewSchG).

Der Polizei erwachsen aus dem GewSchG keinerlei Befugnisse. Deshalb wurden in vielen Polizeigesetzen spezielle Regelungen aufgenommen, auf deren Grundlage vorübergehende Wohnungsverweisungen (auch Wegweisung genannt) bzw. Rückkehrverbote von der Polizei im Anschluss an festgestellter Häuslicher Gewalt ausgesprochen werden können. Diese Ermächtigungen ermöglichen es der Polizei, sofort intervenieren zu können, um akute Auseinandersetzungen, die mit Gefahren für Leib oder Leben oder die Freiheit einer Person verbunden sind, vorübergehend zu unterbinden.

4. Zusammenfassung

- Opfer von häuslicher Gewalt versuchen ihre Probleme vor den Kollegen und Vorgesetzten zu verbergen.
- Die Arbeit ist häufig der einzige Platz, an dem sich die Opfer für die Dauer ihrer Tätigkeit am Tag sicher fühlen und an dem sie das Gefühl von Kontrolle über ihr Handeln haben.
- Bieten Sie einer Kollegin oder einem Kollegen Hilfe an, wenn Sie den Eindruck haben, dass sie oder er zuhause Gewalt ausgesetzt ist.

- Man sollte allerdings niemals versuchen, Opfer von HG zu irgendetwas zu überreden. Insistieren Sie daher nicht, sondern signalisieren Sie lediglich, dass Sie bereit sind zu helfen, sobald das Opfer bereit ist, Hilfe anzunehmen.
- Oft haben Betroffene nur am Arbeitsplatz und während ihrer Arbeitszeit die Möglichkeit, sich beraten zu lassen, weil sie außerhalb ihrer Arbeitszeit einem engen Kontrollnetz unterliegen.

XVIII. Stalking

Etwa acht Prozent aller Frauen und zwei Prozent aller Männer werden einmal in ihrem Leben so stark verfolgt oder belästigt, dass sie um die eigene Sicherheit fürchten. In etwa zwei Dritteln der Fälle geschieht das Stalking dabei nicht nur im privaten Bereich, sondern auch der Ort der Arbeit ist betroffen. Dabei sind Drohungen, physische Gewalt und Stalking neben der körperlichen Gefahr vor allem auch für die Psyche belastend: Permanente Angst, Schlafstörungen, der Verlust der Lebensfreude bis hin zu Depressionen und Arbeitsunfähigkeit sind die gar nicht so seltenen Folgen.

1. Wesen und rechtliche Einordnung

Stalking ist das willentliche und wiederholte (beharrliche) Verfolgen oder Belästigen einer Person, deren physische oder psychische Unversehrtheit dadurch unmittelbar, mittelbar oder langfristig bedroht und geschädigt werden kann.

Sechs Bestimmungsstücke von Stalking nach Hoffmann (2005):

- Wiederholte Handlungen/Kontaktaufnahme, Annäherung oder Belästigung
- Erstreckt sich über längeren Zeitraum
- Überschreitet die impliziten Regeln der sozialen Interaktion
- Richten sich auf spezifische Person
- Werden von Zielperson wahrgenommen
- Keine oder nur eingeschränkte Beeinflussung durch diese möglich

Juristisch wird Stalking als Nachstellung bezeichnet und im StGB behandelt. Der Paragraph 238 StGB wurde im März 2017 novelliert, um Erleichterungen für von Stalking betroffene Opfer zu gewähren: So ist es nun nicht mehr notwendig, dass ein Opfer beispielsweise den Arbeitsplatz und die Wohnung wechseln muss, um eine juristische Handhabe gegen den Täter zu haben.

Nachstellung gem. § 238 StGB

(1) Mit Freiheitsstrafe bis zu drei Jahren oder mit Geldstrafe wird bestraft, wer einer anderen Person in einer Weise unbefugt nachstellt, die geeignet ist, deren Lebensgestaltung schwerwiegend zu beeinträchtigen, indem er beharrlich

1. die räumliche Nähe dieser Person aufsucht,
2. unter Verwendung von Telekommunikationsmitteln oder sonstigen Mitteln der Kommunikation oder über Dritte Kontakt zu dieser Person herzustellen versucht,

3. unter missbräuchlicher Verwendung von personenbezogenen Daten dieser Person
   a) Bestellungen von Waren oder Dienstleistungen für sie aufgibt oder
   b) Dritte veranlasst, Kontakt mit ihr aufzunehmen, oder
4. diese Person mit der Verletzung von Leben, körperlicher Unversehrtheit, Gesundheit oder Freiheit ihrer selbst, eines ihrer Angehörigen oder einer anderen ihr nahestehenden Person bedroht oder
5. eine andere vergleichbare Handlung vornimmt.

(2) Auf Freiheitsstrafe von drei Monaten bis zu fünf Jahren ist zu erkennen, wenn der Täter das Opfer, einen Angehörigen des Opfers oder eine andere dem Opfer nahestehende Person durch die Tat in die Gefahr des Todes oder einer schweren Gesundheitsschädigung bringt.

(3) Verursacht der Täter durch die Tat den Tod des Opfers, eines Angehörigen des Opfers oder einer anderen dem Opfer nahestehenden Person, so ist die Strafe Freiheitsstrafe von einem Jahr bis zu zehn Jahren.

(4) In den Fällen des Absatzes 1 wird die Tat nur auf Antrag verfolgt, es sei denn, dass die Strafverfolgungsbehörde wegen des besonderen öffentlichen Interesses an der Strafverfolgung ein Einschreiten von Amts wegen für geboten hält.

Insbesondere die Trennung von einem gewalttätigen Partner kann zu Stalking führen. Zudem ist gerade die Trennungszeit bei einer Gewaltbeziehung problematisch, die Gefährdung in Form einer Eskalation bis hin zu einem Tötungsdelikt steigt in dieser Zeit an.[201]

2. Stalkertypologien

Um das Risiko einzuschätzen, das von einem Stalker ausgeht, bietet sich eine Verortung in der nachfolgenden Typologie an. Dabei sind auch Mischformen möglich.

- Der **beziehungssuchende** oder **inkompetente Stalker**: Hat den Wunsch nach einer Beziehung bzw. bildet sich eine Beziehung mit seinem Opfer ein. Er idealisiert es und interpretiert dessen Verhalten als Bestätigung, bzw. ignoriert negatives Feedback. Häufig handelt es sich dabei um sozial eher isolierte Menschen und ungewollte Einzelgänger, die eher unsicher sind. Sie wünschen sich einen Partner auch als Freund und ggf. Elternteilersatz. Ihre Vorgehensweise ist meist durch „milde Mittel" des Stalkings gekennzeichnet (z. B. das Opfer beobachten, immer wieder den Kontakt suchen, Geschenke machen, „performen"). Er weist ein eher geringes Gewaltpotential auf.[202]

201 Vgl. Wechlin, in: Hoffmann/Roshdi/Rohr (Hrsg.) 2013, S. 102.

202 Vgl. MacKenzie/McEwan/Pathé/James/Ogloff/Mullen 2009, S. 76 f.

- Der **zurückgewiesene Stalker**: Hierbei handelt es sich meist um einen Ex-Partner. Empfinden Handlungen des Opfers als auf sie bezogene Provokation; Oft Motivationsmix aus Wiederannäherung und Wut. Wenn Gewalt in Vorbeziehung: Kontrollverhalten, Isolation des Opfers, Demütigung und Eifersucht, Egozentrische Wahrnehmung, Zyklische Dynamik (Gewaltandrohung/Versöhnung), Gewaltkreislauf Suchen Anerkennung/Bestätigung. Wenn keine Gewalt in Vorbeziehung: Angst, verlassen zu werden bzw. alleine zu sein („kann nicht ohne dich leben"). Wollen neue Chance. Sie treten seltener Gewaltanwendung auf, wenn doch, besteht die Gefahr massiver Eskalationen (eskalative Gewalt). Mit oder ohne Gewalt in Vorbeziehung: Suizidales Verhalten möglich (Drohungen/Versuch(e)/Vollendung.
- Der **rachsüchtige Stalker**: Für diesen Stalkertyp steht das Opfer für alles Übel, dass ihm in seinem Leben widerfahren ist. Es geht ihm um Kontrolle und Dominanz, emotionale Kühle, er fühlt sich zum Strafen berechtigt.

Stalker wollen Kontrolle über ihre Opfer. Je mehr Kontrolle sie gewinnen, desto mehr verlieren die Betroffenen diese über ihr Leben. Umso wichtiger ist es, den Betroffenen Möglichkeiten aufzuzeigen, wie sie die Kontrolle zurückbekommen können. Gerade am Arbeitsplatz sollte das Thema Stalking nur aufgegriffen werden, wenn es wirklich notwendig ist und ausschließlich durch zuvor bestimmte Ansprechpartner. Das Schicksal eines Opfers von Stalking eignet sich nicht für den Klatsch unter Kollegen.

Beispiel:

Eine besondere Form stellt das sadistische (psychopathische) Stalking dar, dass von psychopathischen Täterpersönlichkeiten praktiziert wird. Solche betrachten ihre Opfer als „Jagdobjekt". Die Täter definieren, was ihr Ziel ist. Die Stalking-Techniken reichen derweil von subtil bis offensiv. Psychopathische Persönlichkeiten gelten als therapieresistent.

3. Bedrohungsmanagement

Jeder Fall von Stalking muss individuell betrachtet und hinsichtlich seines Gewaltpotentials bewertet werden. In jedem Fall hilft es, eine **Zeitstrahlanalyse** analog zu einer Risikoeinschätzung bei Häuslicher Gewalt zu fertigen, in der die Agitation des Stalkers auf einer Zeitachse eingetragen wird. Sinn und Zweck ist es, die Entwicklungen nachvollziehen zu können. In dieser tragen Sie in eine Zeitachse zunächst alle Gewalthandlungen und anschließend weitere Ereignisse ein, die für Opfer und Täter relevant sind (z. B. Scheidung, Tod einer Bezugsperson, Arbeitsplatzverlust oder Wechsel, etc.). Mit dieser einfachen Methode können Sie die Entwicklungen genauer nachzeichnen und eine Bewertung der Gefährdung vornehmen.

Schutzanordnungen nach § 1 GewSchG

(Kontaktverbot, Verbot, bestimmte Orte aufzusuchen etc.)

Antrag beim örtlichen zuständigen Familiengericht stellen.

- *Entweder direkt zum Gericht gehen und bei der Rechtsantragsstelle den Antrag zu Protokoll geben oder den Antrag über einen Anwalt stellen.*
- *Für den Erhalt der einstweiligen Anordnung benötigt man erst mal keine Beweise, sondern es reicht die Glaubhaftmachung des Sachverhaltes aus (eidesstattliche Versicherung).*
- *Regelmäßig auf sechs Monate befristet, u. U. kann sie verlängert werden (theoretisch besteht Möglichkeit für einen längeren Zeitraum, wird allerdings kaum bis gar nicht umgesetzt).*
- *Erlass innerhalb von einigen Stunden bis hin zu wenigen Tagen, da Eilverfahren.*

Vorgehen bei (Ex-Partner-)Stalking:

- Betroffene müssen unmissverständlich klarmachen, dass sie keinen Kontakt wünschen. Dazu sollte die genaue Wortwahl mit Datum, ggf. Zeugen dokumentiert werden. Wenn dies schriftlich erfolgt, sollte die Nachricht gespeichert bzw. gut aufbewahrt werden.
- Nach dieser Nachricht muss der Kontakt komplett abgebrochen werden, wenn man rechtliche Maßnahmen ergreifen will. Entsprechend sollten sich die Betroffenen nicht auf Bitten einlassen, ein „allerletztes" Gespräch zu führen. Hierbei konsequent zu bleiben, fällt Betroffenen dann besonders schwer, wenn zuvor eine Beziehung bestand. Sie empfinden dann ein schlechtes Gewissen oder der Ex-Partner hat noch Druckmittel, die er einsetzt. Wenn Kinder aus der Beziehung hervorgegangen sind, sollte in jedem Fall das Jugendamt kontaktiert und zu Rate gezogen werden.
- Um jeden Kontakt zu meiden, sollten keine Anrufe vom Stalker entgegengenommen werden. Die Handynummer zu wechseln, am Arbeitsplatz das Telefon auf Kollegen umzulegen, wenn dies möglich ist und prinzipiell den Anrufbeantworter rangehen zu lassen, ist umständlich, aber notwendig.
- Zudem sollten die Opfer alles dokumentieren, was der Stalker ihnen mitteilt, schickt oder unternimmt, damit sie, falls erforderlich, Fakten und Beweismittel für einen Prozess haben. Hierzu bietet sich ein sog. „Stalking-Tagebuch" an, in dem auch alle E-Mails, Briefe, etc. ausgedruckt ablegen. Der Weiße Ring e. V. bietet die NO STALK-App an, in der unkompliziert alles erfasst und gesichert werden kann (s. Info-Kasten).

- Öffentlichkeit schützt: Betroffene sollten offensiv mit dem Stalking gegen sie umgehen, wenn dies möglich ist. Entsprechend sollten sie ihr gesamtes Umfeld (z. B. Ihre Familie, Freunde, Arbeitskollegen und Nachbarn) über das Stalking informieren.
- Betroffene sollten sich bei Opfer-Vereinen beraten lassen. Im Kapitel XXVII. sind entsprechende Kontaktadressen zu finden.
- Betroffene sollten ab sofort sehr sorgfältig mit persönlichen Daten umgehen und sich virtuell „unsichtbar" zu machen. Entsprechend sollten sie ihre Profildaten sichern und anschließend sämtliche Social-Media-Profile (Facebook, Instagram, etc.) löschen. Zudem sollten keine persönlichen Angaben im Internet zu finden sein.
- Doch auch virtuell sollten Betroffene auf ihre „Spuren" achten: Wenn Außenstehende die Möglichkeit haben, an den Hausmüll heranzukommen, sollten sie alles Persönliche zuvor schreddern.
- Wenn das Stalking nicht endet, sollten Betroffene den Stalker bei der Polizei anzeigen. Die Polizei nimmt dann Kontakt zum Täter auf und hält eine Gefährderansprache, die den Stalker darüber informiert, welche Konsequenzen ihm drohen, wenn er sein Stalking nicht beendet. Einige werden davon abgeschreckt.
- Beim Familiengericht kann eine Verfügung nach dem Gewaltschutzgesetz (GewSchG) beantragt werden, wonach es dem Stalker künftig untersagt ist, Kontakt zum Opfer aufzunehmen.
- Beim Einwohnermeldeamt kann eine Auskunftssperre beantragt werden, wenn dem Stalker noch nicht bekannt ist, wo das Opfer wohnt. Sollten Betroffene wegen des Stalkings die Wohnung wechseln, sollten sie direkt die Sperre beantragen.
- Bei einer akuten Bedrohung ist sofort die Polizei via Notruf 110 zu informieren. Wenn das Opfer von seinem Stalker beispielsweise verfolgt wird, sollte es die Öffentlichkeit suchen oder direkt zu einer Polizeidienststelle fahren.

Mit der **NO STALK-App** des Weißen Ring e. V. können Betroffene Nachrichten und Mails, aber auch Belästigungen auf der Straße sichern.[203] Mit einem Klick werden sofort eine Videoaufnahme, Audioaufnahme und Fotoaufnahme gestartet. Diese Aufnahmen können mit Kommentaren versehen werden, wie Zeugen, Orte und weitere relevante Informationen.[204]

203 Die App der WEISSER RING Stiftung finden Sie unter: https://nostalk.de/.

204 Polizeiliche Kriminalprävention der Länder und des Bundes (Hrsg.): https://www.polizei-beratung.de/startseite-und-aktionen/aktuelles/(zuletzt abgerufen am 16. Februar 2020).

Warnverhalten und Zuspitzungen erkennen
Um besser einschätzen zu können, wie viel Bedrohungspotential von einem Stalker ausgeht, ist es hilfreich, zunächst auf sog. „Red-Flag"-Risikofaktoren zu achten.[205] Solche sind beispielsweise: das Zeigen von Waffen, geäußerte konkrete Formen von Tötungsphantasien und Suizidalität, veränderte Lebensumstände wie der Wegfall der Arbeit oder ein ansprungartiger Anstieg von Gewalt.

4. Nachstellung und Verfolgung gegen Mitarbeiter

Als Stalking bezeichnen wir die Nachstellung in einem Beziehungskontext. Entsprechend gibt es auch kein Gruppen- oder institutionelles Stalking. Allerdings kann es zu Nachstellungen gegen Mitarbeiter des öffentlichen Dienstes kommen, um diese aufgrund ihrer Funktion einzuschüchtern oder sich an ihnen zu rächen. Das Verhalten kann sehr stark an Stalking erinnern, es handelt sich dabei jedoch um ein anderes Motiv. Deswegen greifen einige der oben angeratenen Verhaltensweisen auch hier. Zudem ist umgehend die Leitung einzuschalten.

5. Zusammenfassung

- Stalking sollte immer individuell und hinsichtlich seines Gefährdungsgerades beurteilt werden.
- Dafür ist es notwendig, den Täter, seine Mittel, die Dynamik, aber auch das Opferverhalten einzuschätzen.
- Betroffene sollten sich an o.g. Ratschläge halten.
- Der Arbeitgeber sollte in jedem Fall informiert werden und Maßnahmen ergreifen, um betroffene Beschäftigte vollumfänglich zu unterstützen, sie aber ansonsten normal behandeln.

205 Vgl. MacKenzie/McEwan/Pathé/James/Ogloff/Mullen 2009, S. 59 ff.

XIX. Zum Umgang mit Drohungen

Drohungen sind regelmäßig Absichtsbekundungen, einer Person oder auch einer ganzen Institution Schaden zuzufügen. Sie können ausgesprochen, geschrieben oder auf andere Weise ausgedrückt werden, etwa durch Verhaltensweisen wie Auflauern und Nachstellung oder durch Gestik.[206] Sie können direkter oder indirekter Natur sein und offen oder verdeckt geäußert werden. Drohungen können eine explizite Ankündigung von Gewalt sein, sie können jedoch auch eine Handlung darstellen, die man in einem anderen Kontext nicht als Drohung wahrnehmen würde.

Funktionen von Drohungen sind:

- Verhaltenssteuerung,
- Ankündigung,
- Aufmerksamkeit bekommen/Hilfe haben wollen,
- Macht ausüben (Psychoterror),
- Spannungsabbau/Kanalisierung von Wut und Frustration.

Der Kriminalpsychologe *Uwe Füllgrabe* unterscheidet eine Drohung von einer Einschüchterung. Letztere würde dann ausgesprochen, wenn der Inhalt Konjunktive, wenn-dann-Bedingungen oder Wahrscheinlichkeiten enthielten.[207] In diesem Fall geht es vor allem darum, den Adressaten zu einer erwünschten Handlung zu veranlassen.

1. Risikoeinschätzung von Drohungen

Auch eine verbal geäußerte Drohung vermag Angstgefühle auszulösen. Drohgebärden einer Person sind regelmäßig selbst Reaktionen auf eine empfundene Bedrohung. Dies kann resultieren aus:

- Kränkung, Enttäuschung,
- Projektion („die Anderen sind schuld“, etc.),
- wahrgenommenen Vorwürfen oder Besserwisserei,
- Wahnvorstellung, empfundener Fremdsteuerung und Reaktion auf imperative Stimmen,
- Verzweiflung, Überforderung, erhöhter Reizbarkeit,
- innerer Destabilisierung als Auslöser von Wut und Aggressionen (auffällig bei Personen mit leichter bis mittelschweren Depressionen)

206 Vgl. Haas, in: Kriminalistik 12/2004, S. 792.

207 Vgl. Füllgrabe 2019, S. 192.

Wir unterscheiden drei Arten von Drohungen:

1. Die **flüchtige Drohung** wird gerne inflationär und/oder scherzhaft gebraucht (z. B. „Wenn der wieder dieses Hemd trägt, schmeiß ich mich aus dem Fenster", oder zu Kindern: „Wenn Du nicht gleich deine Spielsachen aufräumst, kommen sie in den Mülleimer", etc.). Es geht i. d. R. nicht um die Ankündigung einer Tat und die tatsächliche Intension, sondern um ein momentanes Gefühl. Wird eine solche flüchtige Drohung als Bedrohung vom Empfänger wahrgenommen, folgt oft eine Entschuldigung/ Distanzierung.
2. **Substanzielle Drohungen** sind spezifischer und gleichzeitig schwer einzuordnen. Eine Absicht wird vom Empfänger auch deswegen vermutet, weil die Botschaft häufig wiederholt wird, Wille und Absicht hinter der geäußerten Drohung erkennbar sind. Somit verunsichern sie sehr stark, bzw. erzeugen Angst, sind hinsichtlich ihres Bedrohungspotentials nicht einfach einzuschätzen (Vgl. o.g. Sachverhalt: „Man sieht sich zweimal", etc.).
3. **Akute substanzielle Drohungen** sind unverkennbar und unmittelbar bedrohlich. Die Umsetzung der angedrohten Tat ist unmittelbar zu erwarten, ein Mittel zur Tatausführung ist offensichtlich oder muss zwingend angenommen werden (telefonische Bombendrohungen, Überfall mit **Waffe** in der Hand, Ankündigung eines [erweiterten] Suizides, etc.). Bei Bedrohungen mit einer Waffe: In dieser Situation geht es für den Bedrohten nur darum, unbeschadet herauszukommen, sei es durch Flucht oder Kooperation mit dem Täter. Wenn keine Flucht möglich bzw. das Risiko zu hoch ist, dann sollte mit dem Täter kooperiert werden. Entsprechend wenig Sinn macht es an dieser Stelle, Tipps zur Selbstverteidigung oder Entwaffnung zu geben.

Verbale Drohungen können in **vier Dimensionen** analysiert werden:

1. **Dimension: der Kontext**. Ob es sich um eine flüchtige oder eine substanzielle Drohung handelt, ist manchmal nicht einfach zu beantworten. Somit ist der Kontext entscheidend, in welchem die Drohung geäußert wurde (Fall Beispiel: hochschwangere Kollegin im Jobcenter nach Sanktionsumsetzung: „Passen Sie gut auf sich auf. Man sieht sich zweimal"). Obwohl der Inhalt eher ein formulierter Wunsch ist, ist eine Drohung ersichtlich.
2. **Dimension: der Realitätsgrad.** In dieser Dimension stellen Sie sich die Frage: Kann die drohende Person ihre Drohungen wahrmachen? Ist sie dazu in der Lage? Hat sie die Mittel? Was weiß ich genau darüber?
3. **Dimension: das Ziel.** Würde die Person mit der Realisierung ihrer Drohung ihr Ziel erreichen? Was ist ihre Motivation? Sind niedere Beweggründe (z. B. Rache) ersichtlich?

4. **Dimension: die Person des Drohenden.** Zentral ist natürlich die Person des Drohenden und hier kann die Einschätzung ebenfalls schwierig sein. Folgende Fragen können helfen: Was wissen Sie über den Menschen? Ist er bereits durch Gewalt aufgefallen? Welche Charaktereigenschaften haben Sie bereits kennengelernt? Wie wirkt die Person ansonsten auf Sie? Erkennen Sie bei der Person Bedrohungspotentiale? Wenn ja, welche? Und was wirkt widersprüchlich? Diese Fragen werden Ihnen helfen, gerade substanzielle, nicht unmittelbare Drohungen besser einzuschätzen. Sie eignen sich entsprechend für die kollegiale Fallberatung. Für Unsicherheiten sollten Sie einen Ansprechpartner bei der Polizei haben, mit dem Sachverhalte unkompliziert besprochen werden können.

Je nachdem, wie eine Drohung formuliert ist, erfüllt sie den Tatbestand des § 241 StGB:

Auszug StGB § 241 Bedrohung

(1) Wer einen Menschen mit der Begehung eines gegen ihn oder eine ihm nahestehende Person gerichteten Verbrechens bedroht, wird mit Freiheitsstrafe bis zu einem Jahr oder mit Geldstrafe bestraft.

(2) Ebenso wird bestraft, wer wider besseres Wissen einem Menschen vortäuscht, dass die Verwirklichung eines gegen ihn oder eine ihm nahestehende Person gerichteten Verbrechens bevorstehe.

Gerade bei substanziellen Drohungen wird häufig der Straftatbestand des StGB nicht tangiert, weil ein auf eine Person gerichtetes Verbrechen im Wortlaut nicht ersichtlich ist. Somit gestaltet sich der Erfolg einer Strafanzeige schwierig. Dennoch kann die Polizei informiert werden, um zum einen eine Einschätzung vorzunehmen und möglicherweise eine Gefährderansprache zu führen.

2. Bedrohungsmanagement

Jede Drohung, die beim Adressaten ein ungutes Gefühl auslöst, muss einzeln geprüft werden. Mit o.g. Struktur sollte ein gemeinsames Gespräch entweder im Team, mit Kollegen, den Vorgesetzten oder einem Zuständigen innerhalb der Behörde geführt werden.

Nachdem ein Mitarbeiter/Kollege bedroht wurde, ist es wichtig, ihm eine Möglichkeit zu geben, in Ruhe seine Eindrücke zu schildern und mit ihm gemeinsam die weitere Vorgehensweise zu besprechen. Hilfreich kann hierfür auch ein Ortswechsel von dem Raum sein, in dem die Drohung empfangen wurde. Wichtig für den betroffenen Adressaten ist das Gefühl, dass es nicht um seine oder ihre Person geht, sondern dass diese Drohung auch andere Kollegen zum Adressaten hätte haben können. In diesem Kontext ist stets die Leitung zu informieren, die ihrerseits aktiv werden, sich ein Bild machen und über weitere Schritte entscheiden muss.

3. Umgang mit anonymen Bedrohungen

Auch anonyme Drohungen sind zunächst ernst zu nehmen und auf ihre Bedrohungspotential zu überprüfen. Nachfolgende Fragen sollten als Raster[208] herangezogen werden:

1. Wie und wann genau wurde die Drohung übermittelt?
2. Handelte es sich um eine einzige Drohung? Wenn nein:
3. Wie viele anonyme Drohungen sind in welchem Zeitraum eingegangen?
4. An wen war die Drohung gerichtet? Wurden konkrete Namen genannt oder war es an die Institution ohne Ansprechpartner/Vertreter adressiert?
5. Wie konkret sind der Wortlaut und wie zielgerichtet die kommunizierte Drohung? Wird beispielsweise eine angekündigte Tat näher skizziert oder ein bestimmtes Datum favorisiert?
6. Hat der anonyme Verfasser Angaben zu seiner Person oder Hinweise gegeben (z. B. auf einen Sachverhalt hingewiesen, etc.)?
7. Ist der Anlass der Drohung nachvollziehbar? Kann eine Beziehung zwischen dem anonymen Drohenden und dem oder der Betroffenen erschlossen werden?
8. Steht die anonyme Drohung in einem aktuellen (politischen) Kontext (z. B. Reformen, Umstrukturierung, etc.)?

Anonyme Drohungen sind der Polizei zu melden. Sie sollten daher umgehend gesichert werden. Wenn die Drohung als Brief eingeht, sollte sie möglichst frei von Fingerabdrücken in eine Klarsichtfolie gepackt werden.

4. Zusammenfassung

- Drohungen können in unterschiedlicher Form kommuniziert, sie können direkt oder indirekt sein.
- Wenn sich ein Mensch bedroht fühlt, ist dies ernst zu nehmen.

208 Abwandlung und Kürzung nach Simons/Tunkel, in: Meloy/Hoffmann 2014, S. 199 f.

- Generell sind alle Drohungen zu sichern: Wurden sie ausgesprochen, sollten sie im Wortlaut so genau wie möglich dokumentiert werden, E-Mails entsprechend weitergeleitet/gespeichert und ausgedruckt und Briefe sind zwecks möglicher Überprüfung durch die Polizei möglichst frei von Fingerabdrücken in einer Klarsichtfolie zu verpacken.
- Jede Drohung, die gegen einen Mitarbeiter in seiner Funktion ausgesprochen wird, betrifft generell alle, denn jeder kann zum Adressaten werden.

XX. Krisenintervention und Aufbau eines Krisenstabes

Krisensituationen sind dadurch gekennzeichnet, dass sie regelmäßig unvorbereitet auftreten und ein schnelles Eingreifen erfordern. Eine Situation muss explizit als Krise festgestellt werden. Dabei ist jede Krise individuell, so dass sich ein einheitliches Vorgehensschema verbietet. Alle Reaktionen müssen auf den jeweiligen Sachverhalt ausgerichtet sein. Dabei ist zu bedenken, dass Angst und Stress die Handlungen der Beteiligten beeinflussen. Entsprechend wichtig ist die Souveränität der Krisenstabsleitung trotz eingeschränkter Handlungsfreiheiten. Nachfolgende Schemen und Modelle geben Raum für die individuelle Lage in Ihrer Behörde.

Eine Krise kennzeichnet:
- Abweichung vom Normalzustand
- plötzliches, unverhofftes Eintreten
- temporärer Kontrollverlust
- Gefahr eines erheblichen Schadens
- Erforderlichkeit einer schnellen Entscheidung
- Reaktion nur teilweise planbar
- Handlungsfreiheit ist eingeschränkt => zielgerichtete Kreativität ist gefragt

Abgrenzung

Katastrophe
- Großbrand/Verseuchung/Verätzungen
- umfangreiche Personalausfälle
- langandauernder weiträumiger Stromausfall

Notfall
- Medizinischer Notfall einer oder mehrerer Personen (Lebensmittelvergiftung)
- Brandalarm
- Ausfall eines zentralen Gebäudes (z. B. C 10)
- Ausfall des Rechenzentrums
- Ausfall eines wesentlichen Dienstleisters

Störung
- Ausfall eines Arbeitsplatzes
- Ausfall eines Servers
- Ausfall einer zentralen Anlaufstelle (Registratur, Kasse, Schlüsselausgabe, etc.)

1. Vorgehen nach Lage

Die vier Basiskriterien eines erfolgreichen Krisenmanagements nach *Immerschitt*:[209]

- **Beobachten**: Generell ist es wichtig zu erfassen, was um einen herum vorgeht. Aufmerksames Beobachten ist die wichtigste Grundlage, um überhaupt reagieren zu können. Die Methode für die systematische Umfeldanalyse bezeichnet man auch als *Issue Management*.
- **Analysieren**: Die Beobachtungen relevanter Phänomene, die von außen oder innen auf den Betrieb einwirken, müssen auf ihre Folgen hin analysiert und überprüft werden. Die daraus gezogenen Schlüsse erfordern wiederum darauf abgestimmte Verfahren und Abläufe. Hierfür sollte jede Einrichtung ein *Krisenhandbuch* erstellen, in dem mit klaren Zuständigkeiten Abläufe und Prozesse dargestellt sind (wer ist wann zu informieren, wer hat welche Aufgabe, wie ist nach innen und außen zu kommunizieren, etc.).
- **Trainieren**: Keine Krise ist wie die andere. Es gibt aber immer wiederkehrende Muster, auf die man sich durch Übung einstellen kann. Dieses Einüben und Trainieren betrifft sowohl die Krisenmanager als auch die Kommunikationsverantwortlichen und nicht zuletzt jene Mitarbeiter, die im Kunden- und Lieferantenkontakt stehen.
- **Informieren**: Generell ist Kommunikationsmanagement ein wichtiger Pfeiler für eine erfolgreiche Behördenarbeit. Laufende Kommunikation nach innen und außen ist die beste Vorbereitung auf außergewöhnliche Ereignisse. So werden Beziehungsnetzwerke geknüpft, Vertrauen aufgebaut und Verfahren standardisiert.

Lage	**Störung**	**Notfall**	**Katastrophe**	**Krise**
Handlungsanweisung	Betriebshandbuch	Leitfaden (z.B. für Ersthelfer)	Ausgabe staatlicher Anweisungen	**Krisenleitfaden**
Verantwortlich	Linien-Organisation	Not-Teams	Katastrophenschutz	**Krisenmanagement**
Ziel	Normalbetrieb	Notbetrieb	Überleben	**Lage beherrschen**

209 Vgl. Immerschitt 2015, S. 2.

Auslösearten von Krisen

Jede Krise hat eine Ursache. Diese kann sich als nichtig herausstellen oder in einer Eskalation einer an sich belanglosen Situation liegen, sie kann aber auch ein singuläres, gravierendes Ereignis sein.

Delikt	– Mord/vorsätzliche, schwere und zielgerichtete Gewalt – Erpressung – Entführung oder Geiselnahme – Datendiebstahl, Herbeiführung einer schweren Störung (Angriff auf EDV, etc.) – Brandstiftung – Anschlag mit Chemikalien
Unfall	– Feuer – Arbeitsunfall mit Toten oder Verletzten – Auslösung von Umweltschäden (z. B. Chemieunfall, u. ä.)
Fehler	– fehlgeleiteter Zahlungsverkehr – Aufdeckung falscher Parameter – Verlust vertraulicher Informationen – Falsche rechtliche Auskunft/Entscheidung

2. Aufbau eines Krisenstabes

Generell gilt: Der generische Aufbau ist so klein wie möglich, insbesondere bei einer Notsituation. Deswegen tritt als kleiner Krisenstab vor allem die oberste Führungsspitze zusammen (z. B. Präsident und Kanzler einer Hochschule, etc.). Gibt es einen Krisenstabsleiter, ist diese ebenfalls hinzuzuziehen. Für die Umsetzung und Protokollierung etwaiger Handlungen sollte unbedingt das Sekretariat mit eingebunden werden. Da die Kommunikation eminent wichtig ist, bietet sich zudem noch das Hinzuziehen eines Behörden- bzw. Pressesprechers an.

Vorab zu klären: Wie wird der Krisenstab informiert?

Aufgaben

Je besser jeder Verantwortliche seinen Handlungsbereich kennt, desto besser und schneller können Krisen behandelt werden.

1. Problemerfassung – worum geht es? Aufzeichnung der wichtigsten Gegenstände
2. Einordnung des Sachverhaltes und Entscheidung über Vorliegen einer Krise/eines Notfalles – Entscheidung über betroffene Bereiche

3. Steuerung von Sofortmaßnahmen:
   a. Kontaktieren von Polizei- und Rettungskräften nötig?
   b. Alarmierung der betroffenen Bereiche
   c. Absicherung der Situation (z. B. Evakuierung, Schließen von Türen, Errichten einer Absperrung, etc.)
   d. Betreuung der Betroffenen (z. B. ärztliche Versorgung)
   e. Situation kontrollieren
   f. Kommunikation nach Innen und Außen
   g. Aufnahme des (vorläufigen) Normalbetriebs
   h. Klärung und Verwaltung ausstehender Sachverhalte und Fragen
4. Entscheidung über Ende der Krise (Ende muss explizit verkündet werden)
5. Dokumentation des Vorfalls und des Vorgehens, wenn nötig: Fehleranalyse (hier ggf. Expertise extern einbeziehen); Abschlussbericht

3. Infrastruktur eines Krisenraumes

Als Krisenraum kann beispielsweise ein Besprechungsraum dienen, der von außen nicht einsehbar und der möglichst zentral gelegen ist. Nach Möglichkeit sollte dieser über folgendes verfügen:
- Unabhängige Stromversorgung
- IPads/Notebook/Laptops mit Zugang Internet/Intranet
- Drucker, Scanner, Kopierer, Fax
- Alle verfügbaren Notfall- und Evakuierungspläne/Ordner Bedrohungsmanagement
- Aktuelle Grundriss-/Baupläne der einzelnen Gebäude aller zur Behörde gehörenden Liegenschaften (diese müssen stets bei der Feuerwehr und Polizei aktualisiert vorliegen)
- Stadtplan/Landkarten
- Aktuelle Kontaktlisten intern und extern (Pflege durch Sekretariate)
- Büroausstattung (z. B. Flipchart/Whiteboard)

4. Intervenierende Krisenkommunikation

Krisen sind, insbesondere, je schwerer sie sind, von öffentlichem Interesse und werden daher von Medien begleitet. Auch diesen Umstand gilt es einzukalkulieren. Krisen in Behörden sind stets eine Herausforderung für die Öffentlichkeitsabteilung: Was muss kommuniziert werden, was darf auf keinen Fall kommuniziert werden?

Folgende Aspekte[210] gilt es während einer Krise zu beachten:

- Gesicherte Erreichbarkeit
- Organisation und Betrieb eines Bürgertelefons, wenn nötig[211]
- Entwickeln einer angepassten Kommunikationsstrategie und Erstellung von Sprachregelungen
- Abgaben von Statements/Führen von Hintergrundgesprächen mit Journalisten
- Gezielter Einsatz unterschiedlicher Medien (Internetauftritt, ggf. mit einer zuvor vorbereiteten „Darksite", die anstelle der regulären Homepage erscheint und die zentrale(n) Botschaft(en) abbildet[212]
- Ein besonderes Augenmerk liegt hier auf Social Media: Steuern Sie aktiv die Kommunikation via Seiten wie Facebook und Instagram nur dann, wenn die Accounts bereits bestehen und sich Personen damit befassen können[213]
- Interne Kommunikation mit den wichtigsten Informationen für die Mitarbeiter
- Medienmonitoring

Das Ziel der Krisenkommunikation entspricht der Erwartung aller Betroffenen und Interessierten, nämlich, die Krise nach innen und außen verständlich zu machen und dabei Rücksicht auf Opfer und Betroffene zu nehmen. Dies sollte die Maxime sein, die über sämtlichen Kommunikationsstrategien steht.

210 Auflistung vgl. Trauboth, in: Trauboth (Hrsg.) 2016, S. 420.

211 Zur Einrichtung einer kostenloser 0800-Nummer, vgl. Höbel, in Trauboth (Hrsg.) 2016, S. 183.

212 Eine solche Seite sollte im Alltag als Notfalls-Seite vorbereitet sein, damit sie in der Krisensituation mit wenigen Anpassungen einfach aufgeschaltet werden kann, vgl. Höbel, in Trauboth (Hrsg.) 2016, S. 185.

213 Der Einfluss ist aufgrund von Nutzerkommentaren möglicherweise eingeschränkt, der hohe Verbreitungsgrad kann sich dann schädlich auswirken.

XXI. Wenn „es" passiert ist

Gewalt lässt sich nicht immer abwenden. Wenn es zu und vor allen Dingen massiver Gewalt am Arbeitsplatz kommt, muss darauf adäquat reagiert werden, um den Schaden einzudämmen und die Opfer gut zu betreuen. Entsprechend wichtig sind zum einen die Krisenkommunikation nach Innen und Außen und zum anderen der Umgang mit den Opfern – sowohl mittelbaren als auch unmittelbaren.

1. Krisenkommunikation nach einer Tat

Menschen möchten in einer Krisensituation informiert werden. Das Gefühl der (absichtlichen) Desinformation fördert Misstrauen und Unbehagen. Doch auch nach der Krise sollte die Kommunikation nicht abbrechen, sondern weiter über die Verarbeitung, Ergebnisse, Hilfsangebote, etc. informieren. Insbesondere, wenn eine Krise Opfer gefordert hat, sollte hier sensibel informiert und werden.

Der Ablauf der Krisenkommunikation ist im Nachgang zu analysieren und auch die Presseberichterstattung und verbreitete Nachrichten via Social Media sind auszuwerten.

2. Der Prozess der Viktimisierung aus kriminologischer Perspektive

Die Viktimologie als Lehre vom Opfer soll Opferwerdungsprozesse beschreiben und Möglichkeiten zur Prävention eröffnen. Gegenstand sind wissenschaftliche Untersuchungen hinsichtlich Persönlichkeit und Verhalten von Verbrechens-Opfern; wobei die Frage beantwortet werden soll, ob bestimmte Personen und/oder Bevölkerungsgruppen von bestimmten Straftaten überproportional häufig betroffen sind und worin die Gründe dafür liegen könnten. Die Viktimologie befasst sich auch mit Fragen der langfristigen psychischen Folgen von Verbrechen für die Opfer sowie mit dem sogenannten *Täter-Opfer-Ausgleich* (TOA).[214]

214 Täter-Opfer-Ausgleichprogramme basieren auf §§ 155a, 155b StPO und §§ 10 Abs. 1 Nr. 7, 23, 45 Abs. 2 und 3, 109 Abs. 2 JGG. In solchen soll das Opfer den Täter mit Hilfe eines Mediators außerhalb der Tat kennenlernen, um mit der Tat besser abschließen zu können, der Täter soll den Schaden wiedergutmachen, vgl. Clages/Zeitner 2016, S. 189.

3. Folgen für unmittelbare und mittelbare Opfer

Zunächst unterscheidet man, ob ein Mensch direkt von extremistischer Gewalt oder einer Straftat betroffen ist, diese bezeichnet man als *unmittelbare Opfer*. Personen, deren Angehörige, aber auch Freunde oder Mitarbeiter Opfer von Gewalt und Kriminalität geworden sind, bezeichnet man als *mittelbare Opfer*.

In einer Untersuchung des Bundeskriminalamtes zu Beginn der 1990er Jahre, befragte die eingesetzte Untersuchungsgruppe Opfer ganz unterschiedlicher Formen von (Gewalt-)Kriminalität nach ihren Erwartungen und Wünschen nach der Tat.[215] Folgende Aussagen[216] wurden am meisten getroffen:

1. „Diese oder irgendeine andere Straftat soll mir nie wieder passieren!“
2. „Mir soll es so schnell wie möglich wieder gut gehen, d.h. mir soll es so gehen, als wäre die Straftat nicht passiert.“
3. „Dem Täter soll gezeigt werden, dass es so nicht geht und er so nicht mit mir umspringen kann!“
4. „Die Strafe soll den Täter erziehen und ihm zeigen, dass er Unrecht getan hat!“
5. „Ich will jetzt wissen, was die Polizei, die Justiz für mich unternimmt!“

Dabei zeigte sich, dass die Opfer, die von Gewalt betroffen waren, weniger den Wunsch nach Wiedergutmachung hatten (im Gegensatz zu solchen, die beispielsweise Opfer eines Wohnungseinbruchdiebstahls (WED) wurden); ihnen war vielmehr die Verurteilung und damit sowohl Bestrafung als auch Unschädlichmachung des Täters wichtiger. Die Folgen einer Tat und die damit verbundenen Bedürfnisse des Opfers sind stets individuell.

In allen diesen Fällen, auch wenn sich ein Mensch nur zufällig am Anschlagsort befunden hat und deswegen zum Opfer wurde, wurde man von den Angreifern als Feind definiert (da Vertreter der feindlichen Gesellschaft am Weihnachtsmarkt oder im Nachtleben, etc.). Das bedeutet auch, dass in der Kriminologie verwendete Erklärungsansätze wie *Routine Activity*[217] kritisch betrachtet werden müssen. Der Umstand des Grundes für den Täter bei der Opferauswahl macht auch etwas mit dem Opfer: Denn es wurde aufgrund dessen angegriffen, was er ist und lebt; ganz gleich, ob die Gewalthandlung an sich nur zufällig auf ihn gerichtet ist. Entsprechend nachhaltig

215 Vgl. Baurmann/Schädler, in: BKA (Hrsg.) 1996, S 67 ff.

216 Gekürzt zitiert nach Baurmann/Schädler, in: BKA (Hrsg.) 1996, S. 76.

217 Dieses Modell fragt nach riskanten Alltagsroutinen, beispielsweise ob man einen gefährlicheren Weg zur Arbeit hat oder beispielsweise in Schichten arbeitet, bei denen man erst nachts nach Hause kommt, etc.

können die Folgen der Viktimisierung sein und zu einer massiven Traumatisierung führen, die auch mittel- bis langfristige soziale Folgen bedeuten.[218] Solche können sich in Posttraumatischen Belastungsstörungen (PTBS) niederschlagen, in deren Zuge die Betroffenen Alpträume und intrusives Wiedererleben in Form von Flashbacks durchstehen müssen, vermeidendes Verhalten an den Tag legen, hypersensitiv reagieren oder unter Erinnerungslücken leiden.[219] Reaktionen, wie beschrieben, können unmittelbar durch das Hören eines Schreies oder einen bestimmten Geruch bereits ausgelöst werden.[220] Kollegen der jungen Sachbearbeiterin des Jobcenter Neuss, die die grausame Tat gegen sie miterleben mussten, werden die Eindrücke niemals vergessen. Als ihre Kolleginnen und Kollegen darüber informiert werden, dass sich die schlimmsten Befürchtungen bestätigt haben und die junge Frau tot ist, beginnen einige zu schreien. Diese Schreie sind für die Menschen, die vor Ort waren, noch immer im Ohr.[221]

Zentral für die Betroffenen ist das Empfinden der Machtlosigkeit und des Ausgeliefertseins, das man selbst nicht kontrollieren kann. Diese Opfererfahrung kann dazu führen, dass die Betroffenen das Opfersein als Rolle verfestigen und im schlimmsten Fall immer wieder zu Kriminalitätsopfern werden.[222]

4. Aufgaben der Leitung

- Leitung vor Ort.
- Nachbereitung und Aufarbeitung ist explizite Führungsaufgabe.
- Dafür sind Schulungen notwendig; Führung kann nur funktionieren, wenn die Führung weiß, was zu tun ist.
- Verstetigung: Nicht nur dann, wenn etwas passiert ist (auch anderen Ortes), sondern regelmäßige Fortbildungen für Führungskräfte und feste Ansprechpartner.
- Auch die Führung bedarf der Unterstützung und Hilfe bei der Verarbeitung, am besten durch externe Angebote, wie Supervision.

---

218 Vgl. Böttger/Lobermeier/Platcha 2014, S. 52, S. 56 f.

219 Vgl. Neubacher 2017, S. 131.

220 Ebd.

221 Vgl. Zühlke, in: Spiegel Online vom 13. März 2014.

222 Dies wird mit der Stufe der „tertiären Viktimisierung" beschrieben, in der die Opfer das „Opfersein" für sich anerkennen und sich damit identifizieren. Im Sinne des „Opferkarriere-Modells" wird diese Stufe auch mit dem Modell der „erlernten Hilflosigkeit" erklärt, vgl. Schneider/Schneider 1995, S. 196.

XXII. Zusammenfassung: Generelle Anforderungen an einen sicheren Arbeitsplatz

„Die niederschmetternden Wahrheiten verlieren an Gewicht, wenn sie erkannt werden.“
Albert Camus

Gefährdungssituationen kommen im öffentlichen Dienst vor und sind nahezu in jedem Bereich möglich, egal, ob im Innen- oder im Außendienst. Es gibt viele Möglichkeiten, den Arbeitsplatz sicherer zu gestalten. Das Wichtigste ist aber das Vertrauen in die Kollegenschaft und Vorgesetzten sowie ein Gefühl der eigenen Handlungsmacht. Zusammenzuarbeiten bedeutet auch, in gewissem Maße füreinander da zu sein.

Einige Impulse sollen abschließend noch für einen sicheren Arbeitsplatz gegeben werden:

- **Gefahrenbewusstsein entwickeln**
  Über mögliche Gefahren durch Gewalt ist insbesondere die unmittelbare Führungskraft gehalten, das Thema in Dienstbesprechungen zu behandeln und mit den Mitarbeitern über angemessene Verhaltensweisen zu sprechen bzw. sie darin zu unterweisen. Eine Kultur des Hinsehens entwickelt sich über die Thematisierung von Sicherheitsfragen und einen gemeinsamen Erfahrungsaustausch. Sprechen Sie untereinander über Unsicherheiten und informieren Sie auch ihre Vorgesetzten, wenn Handlungsbedarf besteht.
- **Die Polizei kontaktieren**
  Nach wie vor ist es in vielen Behörden noch üblich, dass nur dann die Polizei verständigt wird, wenn es sich um einen akuten Notfall handelt. Bewährt haben sich allerdings Ansprechpartner auf beiden Seiten, die sich im Bedarfsfall unkompliziert austauschen können.
- **Erst- und Brandschutzhelfer ausbilden**
  Ersthelfer sollten in ausreichender Anzahl geschult werden. Ihre Erreichbarkeit und ihr Standort müssen ständig aktualisiert und diese Daten jedem Mitarbeiter zugänglich gemacht werden.
- **Besetzung in Randzeiten und in kleinen Liegenschaften**
  Falls es möglich ist, ist in „Randzeiten“ und in kleinen Liegenschaften darauf zu achten, dass im Dienstgebäude mindestens 2 Personen (darunter eine männliche) anwesend sind. Bei Unsicherheiten in einzelnen Gebäuden ist ggf. die Erstellung von Dienstplänen zweckmäßig.

- **Kontrollgänge und Beobachtungen, Begehungen**
  Kontrollgänge und die vorgeschriebenen Begehungen durch die Mitarbeiter/-innen von Bau und Liegenschaften (z. B. Hausmeisterdienste) oder Sicherheit und Umwelt reichen nicht immer aus, eine umfassende bzw. lückenlose Aufsicht über die Dienstgebäude sicherzustellen. Auch jede/jeder einzelne Beschäftigte wird deshalb um besondere Wachsamkeit gebeten. Alle Wahrnehmungen, welche die Sicherheit gefährden könnten, sind zu melden. Dabei ist dem Aspekt „Fluchtwege" in all seinen Facetten besondere Aufmerksamkeit zu schenken.
- **Beleuchtung der Liegenschaften**
  Flure, Warteräume und relevante Außenbereiche der Liegenschaft(en) sind ausreichend zu beleuchten. Diesbezüglich sind die Mitarbeiter/-innen von Bau und Liegenschaften Ihre Ansprechpartner. Weiterhin ist jede Mitarbeiterin/jeder Mitarbeiter in ihrem/seinem Bereich für eine angemessene Beleuchtung verantwortlich.
- **Weitere bauliche und infrastrukturelle Aspekte:**
  - Türbeschilderungen und Fluchtpläne in Räumen
  - Fluchtmöglichkeiten aus dem Büro/Möbel entsprechend stellen
  - Zwischentüren
  - Türknaufe/Panikschlösser
  - Rückzugsmöglichkeit: Vereinzelte Trennung von öffentlichen -und Mitarbeiterbereichen
  - Ausstattung der Wartebereiche
  - Optimierung der Beschilderungs- und Leitsysteme
  - Beleuchtung und Notfallbeleuchtungssystem
  - Durchsagemöglichkeiten in den einzelnen Gebäuden

XXIII. Schriftliche Reaktion/Vorlagen

1. Umgang mit Beschwerdebriefen

Beschwerdebriefe gehören in Behörden zum Alltag und sind naturgemäß mit Unstimmigkeiten verbunden. Menschen sind mit Entscheidungen nicht einverstanden, fühlen sich ungerecht oder auch unhöflich behandelt. Es geht bei Beschwerden daher immer sowohl um eine Sachebene als auch um die Beziehungsebene. Bestenfalls handelt es sich bei einem Beschwerdeschreiben um einen einfachen Bearbeitungsfehler o. ä., der rasch behoben werden kann, und die Beziehungsebene lässt sich durch ein freundliches Anschreiben an den Beschwerdeführer wiederherstellen.

In aller Regel handelt es sich jedoch um Schreiben, bei denen es weniger um die Sachebene geht. Die folgenden Formulierungen sollen Ihnen helfen, geeignete Schreiben für Ihren Arbeitstag zu entwickeln.

Dabei achten Sie zunächst auf zwei Punkte, die universell gelten, egal um welche Art von Beschwerdeschreiben es sich handelt:

a) Umgehende Eingangsbestätigung

Egal ob die Beschwerde sachlich oder unsachlich formuliert ist, ob berechtigt oder nicht. Reagieren Sie, oder wenn möglich das Büro der Geschäftsführung, so schnell wie möglich auf Beschwerdeschreiben. So entkräften Sie den Vorwurf der Untätigkeit.

Reagieren Sie nicht inhaltlich, sondern teilen Sie lediglich den Eingang des Schreibens mit und dass das Anliegen bereits bearbeitet wird.

> **Beispielformulierung für die Eingangsbestätigung**
>
> Sehr geehrter Herr/geehrte Frau....
> Ihr Schreiben vom 01. 02. 2019 ist bei uns eingegangen und wird bereits bearbeitet.
> Nach Klärung des Sachverhaltes werden wir Sie umgehend kontaktieren.
>
> Mit freundlichen Grüßen

Wahren Sie die Form

Beschwerdebriefe sind oft beleidigend formuliert. Lassen Sie sich unter keinen Umständen zu unüberlegten schriftlichen Äußerungen hinreißen.

Vermeiden Sie Angriffspunkte, reagieren sie stets professionell und lassen Sie sich nicht auf das Niveau des Beschwerdeführers herab.

Ziel ist es stets, das Niveau zu heben, um eine tragfähige Kommunikation wiederherzustellen.

b) Unterschiedliche Arten von Beschwerden

Berechtigte, sachliche Beschwerde

Stellen Sie bei der Bearbeitung fest, dass es sich um eine berechtigte und sachliche Beschwerde handelt, reagieren Sie schnell und veranlassen die höchste Priorität für den Vorgang (z.Bsp.: Auszahlungen etc.). Setzen Sie den Beschwerdeführer, insbesondere, wenn in finanzieller Notlage, schnellstmöglich in Kenntnis. Dies ist in der Regel telefonisch am einfachsten. Bieten Sie wenn möglich Alternativen an, z. B. Überweisung oder Barauszahlung.

Machen Sie die Gründe für den Fehler transparent, ohne einen Mitarbeiter zu diskreditieren. Gründe können die Fehlleitung eines Poststückes, krankheitsbedingte Personalausfälle o. ä. sein. Nicht benennen sollten Sie Minderleistungen eines Mitarbeiters. Wichtig für den Beschwerdeführer einer berechtigten Beschwerde ist, die Gründe zu verstehen, ernst genommen zu werden und rasch Abhilfe zu erhalten.

Berechtigte Beschwerde, unsachlich formuliert

Sollte es eine berechtigte Beschwerde sein, jedoch mit unsachlichem Inhalt (z. B.: unfähige Behörde, Willkür, Diskriminierung…), sorgen Sie ebenfalls für eine rasche Abhilfe, da die Beschwerde berechtigt ist. Grenzen sie sich jedoch deutlich von den konkreten, unsachlichen Formulierungen ab.

Dies können Sie prinzipiell auch in einem Telefonat machen, in welchem Sie auch über die Abhilfe informieren. Zusätzlich empfiehlt es sich, ein Schreiben zu verfassen, welches auch zu der Akte des Beschwerdeführers gelegt werden sollte, um bei ggf. weiteren Vorfällen bereits eine Historie nachverfolgen zu können.

Beispielformulierung für eine gerechtfertigte, unsachliche Beschwerde:

Sehr geehrter Herr/sehr geehrte Frau....

Ihr Antrag wurde am .... abschließend bearbeitet, der Bescheid liegt diesem Schreiben bei. Die Verzögerung entstand, wie in unserem Gespräch am 02. 08. 2019 dargelegt, auf Grund eines fehlgeleiten Poststücks.

Die Verzögerung bitten wir zu entschuldigen. Ihre Vermutung, es handele sich um Diskriminierung, weise ich jedoch entschieden zurück (und behalte mir vor, bei weiteren Unterstellungen dieser Art Strafanzeige gegen Sie zu stellen).

Mit freundlichen Grüßen

c) Umgang mit unsachlichen und ungerechtfertigten Beschwerden

Häufig sind Antragssteller mit einer sachlich korrekten Entscheidung nicht einverstanden und reagieren auf der Beziehungsebene, werden beleidigend oder sprechen sogar Bedrohungen aus. Insbesondere bei passionierten Beschwerdeführern empfiehlt es sich, nicht taggleich ein abschließendes Antwortschreiben zu versenden.

Sie erhöhen ansonsten – ähnlich wie bei einem Ping Pong-Spiel – das Tempo der eingehenden Beschwerden. In dieser Dynamik ist es unmöglich, die Situation zu deeskalieren.

Versenden Sie das Eingangsschreiben, Sie haben somit umgehend reagiert. Klären Sie als nächstes den Sachverhalt und verfassen sie ein kurzes, sachliches und wenn nötig klar abgrenzendes Schreiben. Geben Sie wenn möglich keine direkte Durchwahl bekannt, da Gespräche mit dieser Personengruppe häufig eskalieren. Es empfiehlt sich der Postweg, um auf die Sachebene zurückzukehren.

Beispielformulierung für eine ungerechtfertigte, unsachliche Beschwerde:

Sehr geehrter Herr/geehrte Frau....

die Entscheidung wurde auf Grundlage der §§.... getroffen. Sollten Sie mit dieser Entscheidung nicht einverstanden sein, steht ihnen das Rechtsmittel des Widerspruchs zu Verfügung.
Die Vorwürfe der Behördenwillkür weise ich entschieden zurück und verweise auf eine zukünftig angemessenere Kommunikation. Andernfalls behalte ich mir vor, Strafanzeige hinsichtlich ihrer Behauptungen (...) zu stellen.

Mit freundlichen Grüßen

d) Beleidigungen

Sollten Beleidigungen bereits klar formuliert sein, teilen Sie dem Beschwerdeführer mit, dass Sie Strafanzeige gestellt haben. Die Strafanzeige sollte stets durch die Behördenleitung erfolgen.

Wichtig: in vielen Mustertexten finden sich Formulierungen wie: „Vielen Dank für Ihr Schreiben vom...". Insbesondere bei beleidigenden Inhalten ist es nicht angezeigt, sich für dieses Schreiben zu bedanken. Bleiben sie sachlich und höflich, aber bedanken Sie sich nicht auch noch für Beleidigungen. Es geht darum eine respektvolle Arbeitsbeziehung wiederherzustellen. Da sind Beleidigungen, Vorwürfe oder gar Bedrohungen unangemessen.

2. Besondere Konstellationen

Nachfolgend werden weitere besondere Konstellationen im Umgang zwischen Behörden und Antragsstellern dargestellt, die eine spezifische Kommunikation erfordern.

a) Versagen der Behörde

Wie in jedem Unternehmen arbeiten auch in Behörden Menschen mit unterschiedlichem Leistungs- und Verantwortungsniveau.

So kann es zu Situationen kommen, in welchen Bürger sehr lange und geduldig auf Entscheidungen/Geldleistungen warten und in Ihrer Existenz bereits massiv bedroht sind. Ereignen sich also Konstellationen, in welchen z. B. eine alleinerziehende Mutter unverschuldet in eine massive finanzielle Notlage gerät, gilt es sofort zu handeln!

Diese Fälle sind nicht selten, da diese Personengruppe aus Scham oft nicht rechtzeitig für Ihre Rechte einsteht, zu lange mit einem sachlichen Beschwerdeschreiben wartet.

Häufig wird die Schule aufmerksam, weil die Kinder kein Essen mehr mitbekommen oder die Obdachlosigkeit droht.

Kontaktieren Sie die betroffene Person bei Bekanntwerden umgehend telefonisch und besprechen Sie die weiteren Schritte.

Die Hilfe muss sofort, konkret und nachhaltig erfolgen, dies bedeutet:

Neben der sofortigen Abhilfe (z.Bsp. vorläufige Zahlung, um nicht den gesamten Vorgang in jedem Detail prüfen zu müssen), ist hier ein Wechsel der Zuständigkeit zwingend, da die Beziehungsebene zu dem Bearbeiter nicht wiederherzustellen ist.

Sie können lediglich die Beziehungsebene zu der Behörde retten, was Ihr Anliegen sein sollte. In diesen Fällen ist der betroffenen Person immer ein persönlicher Kontakt in der Behörde zu nennen, keine Servicehotline o. ä., um zukünftig einen schnellen und niederschwelligen Kontakt zu ermöglichen. Gehen Sie in dieser Konstellation nach Möglichkeit großmütig mit unsachlichen Äußerungen um.

b) Unsachliches Verhalten der Behörde

Stellen Sie im Laufe ihrer Recherchen zu einem Vorgang fest, dass sich ein Mitarbeiter unsachlich geäußert hat, so führen Sie ein Personalgespräch und dokumentieren dies. Dem Beschwerdeführer antworten Sie in seinen übrigen Punkten seines Anliegens und teilen zudem mit, dass es Gespräche mit dem Sachbearbeiter (o. ä.) gegeben habe.

Je nach Intensität des Fehlverhaltens sollten Sie in Erwägung ziehen, einen Wechsel in der Zuständigkeit vorzunehmen. Dies sollte jedoch nicht leichtfertig erfolgen, sondern nur wenn es aussichtslos erscheint, wieder auf eine respektvolle kommunikative Ebene zu gelangen. Andernfalls kann als milderes Mittel ein Gespräch mit Beschwerdeführer, Mitarbeiter und Vorgesetztem hilfereich sein, um die Unstimmigkeiten beizulegen.

3. Erteilung von Hausverboten

Bei massiven Vorfällen, persönlich, schriftlich oder telefonisch, prüfen Sie die Erteilung eines Hausverbotes. Dazu beschreiben Sie den Sachverhalt und leiten diesen an die Behördenleitung zur Prüfung weiter.

Wichtig: Hausverbote und auch die Ablehnung eines Widerspruchs sind als Einschreiben mit Rückschein (Postzustellungsurkunde) zu versenden.

Nachfolgendes Musteranschreiben kann als Vorlage verwendet werden. Bitte nehmen Sie entsprechende Anpassungen vor.

Hausverbot

Sehr geehrter Herr/sehr geehrte Frau,

Sie haben anlässlich Ihrer persönlichen Vorsprache am XX.XX.XXXX in den Diensträumen XXXX (Benennung Amt/Behörde) ein Verhalten gezeigt, das ich so nicht akzeptieren kann. Die Äußerungen, die Sie gegenüber den Mitarbeitern des XXXX und der Anwesenden/anwesenden Antragsteller/Kunden getätigt haben, beinhalteten massive Beleidigungen gegen die Mitarbeiter und die Institution.

Aus diesem Grunde erteile ich Ihnen mit sofortiger Wirkung

HAUSVERBOT

für alle Dienstgebäude XXXX (des Amtes/der Behörde)

Soweit Ihre persönliche Vorsprache zur Inanspruchnahme von Leistungen erforderlich ist, hat dies ausschließlich auf schriftliche Einladung hin oder nach vorheriger telefonischer Terminabsprache zu erfolgen.

Gegen diesen Bescheid kann innerhalb eines Monats nach seiner Bekanntgabe Widerspruch eingelegt werden. Der Widerspruch ist schriftlich oder zur Niederschrift innerhalb des XXXX niederzulegen.

gez. Unterschrift/Behördenleitung

Legt der Adressat Widerspruch ein, ist auch dieser nach Prüfung und beabsichtigtem Aufrechterhalten zu bescheiden. Vorschlag zur Vorlage:

Einschreiben mit Rückschein

Herrn/Frau

Hausverbot vom XX.XX.XXXX/Ihr Widerspruch vom XX.XX.XXXX

Sehr geehrter Herr/sehr geehrte Frau,

ich bestätige den Eingang Ihres Widerspruchs vom XX.XX.XXXX. Die von Ihnen angeführte Begründung wird im Rahmen des Widerspruchsverfahrens geprüft. Sie erhalten darüber einen entsprechenden Bescheid.

Bis zur Bescheiderteilung ordne ich den sofortigen Vollzug des Hausverbotes an. Gemäß § 80 Absatz 2 Satz 1 Nr. 4 Verwaltungsgerichtsordnung (VwGO) kann die aufschiebende Wirkung eines Widerspruchs ausgesetzt werden, wenn dies im öffentlichen Interesse steht. Aufgrund Ihres bisherigen Verhaltens sehe ich mich aus Schutz- und Fürsorgegründen gegenüber meinen Mitarbeitern des Amtes/der Behörde XXXX veranlasst, von diesem Recht Gebrauch zu machen (§ 80 Absatz 3 Satz 1 VwGO).

Das Hausverbot bleibt somit auch während des laufenden Widerspruchsverfahrens bestehen.

Soweit Ihre persönliche Vorsprache zur Inanspruchnahme von Leistungen nach XXXX (Angabe des Gesetzes) erforderlich ist, hat dies ausschließlich auf schriftliche Einladung hin oder nach vorheriger telefonischer Terminabsprache zu erfolgen.

gez. Unterschrift
Vorsitzender der Geschäftsführung

Glossar

Annäherungsverbot Wenn jemand einer Person gegen ihren erklärten Willen nachstellt, häufig in ihrer Nähe auftaucht oder sie anruft, kann dies gemäß § 1 Gewaltschutzgesetz (GewSchG) ein Annäherungsverbot rechtfertigen. Beim Annäherungsverbot wird der Person untersagt, sich der belästigten Person bis auf eine festgelegte Distanz zu nähern. Sie muss auch einen bestimmten Abstand zur Wohnung der Person einhalten. Das Verbot kann auf Antrag des Opfers von einem Gericht ausgesprochen werden und setzt voraus, dass es bereits zu Vorfällen gekommen ist und weitere wahrscheinlich sind. (siehe auch Kontaktverbot)

Anthrax Milzbrandsporen als biologische Waffe sind hochgiftige Erreger, die 2001 für mehrere Anschläge via Briefpost in den USA verwendet wurden. Trittbrettfahrer nutzten Briefe mit weißem Pulver, um auch in Behörden in Deutschland für Angst und Schrecken zu sorgen.

Apathie Zustand der Abwesenheit von Gefühlen, Aktivitätenlosigkeit, fehlende Ansprechbarkeit; kann nach einem Schockerlebnis eintreten.

Bossing Mobbing durch Vorgesetzte, in dem unliebsame Mitarbeiter beispielsweise in Besprechungen wiederholt vorgeführt, systematisch ausgeschlossen und Qualifikationsgespräche etc. ständig aufgeschoben werden.

broken-home-Phänomen Bezeichnet eine unvollständige Familie, durch Abwesenheit eines Elternteils als Folge von Ehescheidung, Tod, Getrenntleben oder sonstigen Umständen oder anderweitiger Verlust eines Familienmitgliedes.

Bullying (engl. bully = brutaler Bursche), Phänomen, dass ein Einzelner von einer Person oder von mehreren Personen innerhalb einer Gruppe/Organisation schikaniert und terrorisiert wird. Bullying ist identisch mit dem Phänomen Mobbing.

DSM-IV Diagnostic and Statistical Manual IV, Klassifikationssystem für psych. Störungen der American Psychiatric Association (APA)

Exibitionismus Neigung, wiederholend seine Genitalien in der Öffentlichkeit zu zeigen; dies wird als Störung der Sexualpräferenz gewertet, die mit sog. Nicht-Kontakt-Handlungen einhergeht. Diese Handlungen sind strafbar gemäß § 183 StGB.

Gefahrenradar Die Entwicklung eines eigenen Gefahrenradars bezeichnet nach dem Kriminalpsychologen Uwe Füllgrabe die Fähigkeit, gefährliche von ungefährlichen Situationen zu unterscheiden.

Gefährder Person, bei der Anhaltspunkte vorliegen, dass sie in absehbarer Zeit Gewalttaten gegen andere Personen, Behörden, sonstige Einrichtungen oder auch sich selbst begehen könnte.

Gefährderansprache Meist polizeiliches Mittel, um Personen, die als Gefährder (sei es für Gewalt- oder Sexualstraftaten oder in extremistischen Szenen) auffallen, gezielt anzusprechen und ihnen damit zu signalisieren, dass sie im Auge behalten werden.

Grooming (Cybergrooming) Als Grooming (sinngemäß übersetzt = Anbahnung) bezeichnet man die gezielte Anbahnung sexueller Kontakte in Missbrauchsabsicht. Im Deutschen wird dieser Begriff in der Regel verwendet, wenn Erwachsene Kinder und Jugendliche mit dem Ziel ansprechen, sexuellen Kontakt mit ihnen zu haben. Dies erfolgt häufig via Soziale Medien (Cybergrooming).

ICD-10 Die *International Statistical Classification of Diseases and Related Health Problems* ist das wichtigste, weltweit anerkannte Klassifikationssystem für medizinische Diagnosen, das von der Weltgesundheitsorganisation (WHO) herausgegeben wird. Die aktuelle, international gültige Ausgabe ist ICD-10; im Mai 2019 wurde die ICD 11 verabschiedet, die ab 2022 gelten wird.

Intimizid Tötung des Intimpartners, wobei sich Intimpartnerschaft immer auf eine zuvor beiderseitig freiwillige sexuelle Partnerschaft bezieht.

Kontaktverbot Das Kontaktverbot soll das Opfer zusätzlich zum Annäherungsverbot vor Anrufen, E-Mails und sonstigen Nachrichten des Täters schützen. Auch Kontaktaufnahmen via soziale Netzwerke können ein Kontaktverbot rechtfertigen, wie das Oberlandesgericht Hamm entschieden hat (AZ 2 UF 254/12). Wie auch für das Annäherungsverbot gibt es in der Regel eine zeitliche Befristung des Verbotes.

Mobbing Nach Olweus ist Mobbing jede negative Handlung, die vorsätzlich durch eine Person oder durch mehrere Personen gegen eine Person gerichtet ist und geht über einen längeren Zeitraum. Mobbing setzt zudem voraus, dass zwischen dem Opfer und dem Täter/den Tätern ein Ungleichgewicht herrscht.

Nebenklage Als Opfer einer Straftat haben Sie das Recht, sich ab der Erhebung der Klage als sog. Nebenkläger dem Strafverfahren anzuschließen. Damit haben Sie die Möglichkeit, weitreichenden Einfluss auf das Strafverfahren zu nehmen: Sie dürfen am gesamten Gerichtsprozess teilnehmen und haben das Recht, Fragen an Zeugen, Sachverständige und auch den Angeklagten zu stellen und dürfen zum Beispiel auch Fragen anderer Prozessbeteiligter beanstanden. Es ist sinnvoll, eine Nebenklage durch einen Rechtsanwalt beziehungsweise eine Rechtsanwältin einzureichen. Wenn Sie jedoch keinen

Anwalt/keine Anwältin beauftragen möchten, können Sie sich selbst schriftlich an das Gericht oder vorher schon an die Staatsanwaltschaft wenden. Unter bestimmten Voraussetzungen ist ein Nebenkläger auch befugt, einen Antrag zu stellen, dass die Öffentlichkeit während der Gerichtsverhandlung ausgeschlossen wird oder dass der oder die Angeklagte während einer Zeugenaussage abwesend sein soll. Ebenfalls kann der Nebenkläger unter bestimmten Voraussetzungen nach einem erfolgten Urteil in Berufung oder Revision gehen.

Posttraumatische Belastungsstörung (PTPS) Oder: Posttraumatic Stress Disorder (PTSD) ist eine psychische Erkrankung infolge eines oder mehrerer traumatischer Ereignisse (z. B. Gewalt, Krieg, Vergewaltigung, Unfälle). Nicht jeder Mensch entwickelt eine solche Störung. Mögliche Symptome sind sog. Flashbacks, also das ungewollte Wiedererleben des traumatischen Ereignisses, das durch Reize (Geräusche, Gerüche, etc.) ausgelöst wird.

Scamming Online-Betrugsverfahren haben mittlerweile vielseitige Formen. In allen Fällen geht es darum, möglichst anonym Gelder von Opfern zu erschleichen. Beispielsweise beim Romance-Scamming werden Menschen via Dating-Portale aber auch Social-Media über falsche Profile angesprochen, eine Beziehung hergestellt, die meist nur virtuell besteht, um dann mit erfundenen Geschichten Geld von ihnen zu ergaunern.

Schriftfahndung Form der kriminalistischen Schriftuntersuchung, in deren Rahmen beispielsweise eine Altersbestimmung, Datumsechtheitsbestimmungen sowie Alter und Geschlecht des Urhebers einer Handschrift (beispielsweise bei Drohbriefen) vorgenommen wird.

Sexting

Zusammensetzung aus *Sex* und *Texting* und beschreibt das Versenden erotischer Inhalte, Fotos/Videos von sich mit Computer oder Smartphone (via Snapchat und Whatsapp).

Problematisch wird es, wenn Sexting-Fotos an Personen, für die sie nicht gedacht waren, gelangen und an andere Personen weiterversendet werden (z. B. aus Rache nach einer Trennung). Auch kann Sexting beim Empfänger generell unerwünscht sein und eine Form von Nachstellung bedeuten.

Eine strafbare Handlung liegt vor, wenn

- heimlich in einer Wohnung oder in der Umkleidekabine gefilmt oder fotografiert wird (Verbot gemäß § 201a StGB).
- Besitz und Weitergabe pornografischer Fotos: Je nachdem was auf dem Bild zu sehen ist, kann es ein pornografisches Foto sein. Besitz und Weitergabe von solchen Bildern kann gemäß §§ 184, 184b, 184c und 185 StGB strafbar sein.

Stalking

Stalken bedeutet die Nachstellung einer Person gegen ihren Willen.

Supervision

(lat. = Über-Blick) Form der Beratung für Mitarbeiter, die zur Reflexion des eigenen Handelns anregen, Distanz zur Sache schaffen sowie Qualität professioneller Arbeit sichern und verbessern soll. Supervision kann psychotherapeutische Elemente enthalten. Supervisoren sind entsprechend aus- bzw. fortgebildet.

Tit-for-Tat-Strategie

Tit-for-Tat heißt als Redewendung in etwa: „Wie du mir, so ich dir“. Für Konflikte bedeutet das, dass Person A, der die Strategie anwenden will, sich zunächst freundlich-kooperativ verhält und abwartet, wie sein Gegenüber, Person B, darauf reagiert. Fällt dessen Reaktion unkooperativ aus, verhält sich A konfrontativ. Wird B nun kooperativ, verhält sich auch A wieder kooperativ.

Typologien Typologien sind in der Kriminologie Kategorien von bestimmten Täter- oder auch Opferkategorien, um anhand dieser eine Prognose hinsichtlich Gefährlichkeit oder Gefährdung zu erstellen.

Upskirting Form der sexuellen Belästigung durch heimliches Filmen von Frauen unter den Rock mittels Handy oder einer kleinen, am Fuß angebrachten Kamera. Am 3. 7. 2020 wurde vom Parlament beschlossen, dass dies künftig als Straftat gilt, die mit bis zu zwei Jahren Freiheitsstrafe belegt werden kann.

Wohnungsverweisung/ Wegweisung Bezeichnung der polizeilichen Verfügung (gem. der Polizeigesetze der Länder), wenn der gewalttätige Partner nach dem Prinzip „Wer schlägt, der geht“ aus der Wohnung verwiesen wird.

Xenophobie Die Angst vor dem Fremden ist häufig der Grund für Fremdenfeindlichkeit und Rassismus.

Zeitstrahlanalysen Um die Gewalttätigkeit beispielsweise von Ex-Partnern oder Stalkern vorherzusagen, eignet sich die Darstellung des Beziehungs- und Gewaltverlaufes anhand eines Zeitstrahls, in dem alle relevanten Beziehungsdaten und Gewalttaten inkl. kurzer Beschreibung eingetragen werden.

Ziel-Mittel-Konflikt Solche bezeichnen das Dilemma, wenn für die Erreichung eines bestimmten Ziels die entsprechenden Mittel fehlen.

Kontakte

Notrufnummern in Deutschland:

Polizei	110
Rettungsdienst/Feuerwehr	112
Ärztlicher Bereitschaftsdienst	116 117 (bei Notfällen bitte die 112 wählen!)
Giftnotruf	Berlin: 030/19240
	Bonn: 0228/19240
	Erfurt: 0361/730730
	Freiburg: 0761/19240
	Göttingen: 0551/19240
	Homburg/Saar: 06841/19240
	Mainz: 06131/19240
	München: 089/19240
Apothekennotruf	Festnetz: 0800 0022833
	Handy: 22833 (69 Cent/Minute)
Zentrale Sperrnummer (Bankkarten)	116 116
„Nummer gegen Kummer“	116 111 (für Kinder, Jugendliche und Eltern; Kinder und Jugendliche können auch in Fällen von sexuellem Missbrauch anrufen)
Telefonseelsorge	0800 1110111 und 0800 1110222
Hilfetelefon Gewalt gegen Frauen	0800 0116016

Sonstige

Zentrale Behördennummer	115 (für allg. Verwaltungsfragen)

Eigene Kontakte

Ansprech-partner	Name	Kontakt-daten	Erreich-barkeit	Anmerkung
Örtl. Polizei				
Ersthelfer im Haus				

Quellenverzeichnis und weiterführende Literatur

Allen, Gregory/Derr, Rachel: Threat Assessment und Risk Analyses: An Applied Approach, Oxford 2015.

Allwinn, Mirko/Hoffmann, Jens/Tultschinetski, Sina/Streich, Katrin: Betrügerisches Verhalten aus kriminalpsychologischer Sichtin: Polizei & Wissenschaft 2/2018, S. 32–47.

Anderson, Craig A./Bushman, Brad J.: Human Aggression, in: Annual Review of Psychology, 53 (1), 2002, S. 27–51.

Aarolt, Volker/Dilling, Horst/Reimer, Christian: Basiswissen Psychiatrie und Psycho-therapie, 5. Auflage Heidelberg 2003.

Bärsch, Tim/Rohde, Martin: Kommunikative Deeskalation, 3. Auflage Norderstedt 2012.

Bauer, Jochachim: Schmerzgrenze: Vom Ursprung alltäglicher und globaler Gewalt, München 2013.

Becker, Eni: Angst, München/Basel 2011.

Berufsverbände und Fachgesellschaften für Psychiatrie, Kinder- und Jugendpsychiatrie, Psychotherapie, Psychosomatik, Nervenheilkunde und Neurologie aus Deutschland und der Schweiz (Hrsg.): Persönlichkeitsstörungen – Krankheitsbilder (ohne Datumsangabe), online verfügbar unter: www.neurologen-und-psychiater-im-netz.org/psychiatrie-psychosomatik-psychotherapie/erkrankungen/persoenlichkeitsstoerungen/krankheitsbilder/(Stand: 20. Februar 2020).

BKA (Hrsg.): Partnerschaftsgewalt. Kriminalstatistische Auswertung für das Berichtsjahr 2018, Wiesbaden 2019, online verfügbar unter: www.bka.de/SharedDocs/Downloads/DE/Publikationen/JahresberichteUndLagebilder/Partnerschaftsgewalt/Partnerschaftsgewalt_2018.html;jsessionid=5F2821CFA6376A1B8340BDEECB5E0733.live2301?nn=63476 (Stand: 20. Februar 2020).

BKA (Hrsg.): Sicherheitsgefühl in Deutschland. Deutscher Viktimisierungssurvey 2017, Wiesbaden 2019, online verfügbar unter: www.forensik.de/fileadmin/user_files/forensik/Wissenschaft/Deutscher_Viktimisierungssurvey_2017_BKA_04–2019.pdf (Stand: 14. Februar 2020).

Bongartz, Ralf: Nutze Deine Angst. Wie wir in Gewaltsituationen richtig reagieren, Frankfurt am Main 2013.

Braun, Anna-Lena: Erwachsene Amoktäter: Eine qualitative Untersuchung der Motive aus kriminologischer Sicht, Berlin 2017.

Bubenitschek, Günther/Greulich, Reiner/Wegel, Melanie: Kriminalprävention in der Praxis, Heidelberg 2014.

Buschbeck, Johannes: Dürfen Reichsbürger Auto fahren? In: Sicherheitsmelder vom 22. März 2017, online verfügbar unter: www.sicherheitsmelder.de/xhtml/articleview.jsf?id=1521122896_34 (Stand: 22. Februar 2020).

Deutsche Gesetzliche Unfallversicherung (Hrsg.): Arbeitsbelastungen und Bedrohungen in Arbeitsgemeinschaften nach Hartz IV – Abschlussbericht, München 2011.

Deutscher Bundestag (Hrsg.) 16. Wahlperiode: Bericht der Bundesregierung über den Stand von Sicherheit und Gesundheit bei der Arbeit und über das Unfall- und Berufskrankheitsgeschehen in der Bundesrepublik Deutschland im Jahre 2005, Drucksache 16/3915 vom 14. 12. 2006, online verfügbar unter: http://dip21.bundestag.de/dip21/btd/16/039/1603915.pdf (Stand: 10. September 2019).

Dienstbühl, Dorothee: Amok, Selbstmordattentat oder terroristischer Amoklauf?, in: Die Kriminalpolizei 1/2017, S. 4–7.

Dienstbühl, Dorothee: Extremismus und Radikalisierung: Kriminologisches Handbuch zur aktuellen Sicherheitslage, Stuttgart 2019.

Dienstbühl, Dorothee: Islamistischer Extremismus. Chancen zur Früherkennung in sozialen Behörden, in: Forum Kriminalprävention 3/2015, Seite 17–19.

Dienstbühl, Dorothee: Rechtsextremismus: Reichsbürger in Deutschland, in: Sicherheitsmelder vom 22. November 2017, online verfügbar unter: www.sicherheitsmelder.de/xhtml/articleview.jsf?id=1479893104_34 (Stand: 29. Januar 2020).

Dienstbühl, Dorothee: Schutz von Einsatzkräften: Aktionsplan „Gemeinsam gegen Gewalt", in: Sicherheitsmelder vom 08. Januar 2020, online verfügbar unter: www.sicherheitsmelder.de/xhtml/articleview.jsf?id=1578408687_40 (Stand: 16. Februar 2020).

Dienstbühl, Dorothee: Warum Magnus Gäfgen gerne Charles Manson wäre. Narzisstische Persönlichkeitsstrukturen als krimineller Antrieb, in: Homeland Security 3/2011, S. 52–57.

Dienstbühl, Dorothee/Meyer, Almut: Vergewaltigung. Opfer ohne Lobby, in: Deutsche Polizei 12/2017, S. 4–9.

Dietrich, Heinz: Querulanten, Stuttgart 1973.

Egg, Rudolf/Minthe, Eric (Hrsg.): Opfer von Straftaten, Wiesbaden 2003.

Faust, Volker: Querulanten. Teil 1: Historische Aspekte, in: Psychiatrie Heute. Seelische Störungen erkennen, verstehen, verhindern, behandeln, S. 1–20, online verfügbar unter: www.psychosoziale-gesundheit.net/pdf/Int.1-Querulanten-Teil%201.pdf (Stand: 24. Februar 2020).

Faust, Volker: Querulanten. Teil 2: Aus historisch-forensischer Sicht, in: Psychiatrie Heute. Seelische Störungen erkennen, verstehen, verhindern, behandeln, S. 1–35, online verfügbar unter: www.psychosoziale-gesundheit.net/pdf/Int.1-Querulanten-Teil2.pdf (Stand: 24. August 2019).

Fiedler Peter/Herpertz, Sabine C.: Persönlichkeitsstörungen, Basel 2016.

Forsa (Hrsg.): Einschätzung zur Sicherheit in der öffentlichen Verwaltung in Nordrhein-Westfalen, Berlin 2019.

Friedman, Howard S./Schustack, Miriam W.: Persönlichkeitspsychologie und Differentielle Psychologie, 2. Auflage, München 2004.

Erich Fromm: Die Antwort der Liebe, Freiburg 2003.

Füllgrabe, Uwe: Der Gefahrenradar, in: Magazin für die Polizei, 34. Jahrgang, Nr. 325, Mai 2003, S. 9–15.

Füllgrabe, Uwe: Psychologie der Eigensicherung, 8. Auflage Stuttgart 2019.

Greuter, Karin: Erfahrungen mit dem Instrument der Gefährderansprache. Befragung und Analyse am Beispiel der Kantonspolizei Zürich, in: Kriminalistik 7/2017, S. 470–476.

Groote, Everhard von: Prognose von Täterverhalten bei Geiselnahmen. Zur Einschätzung der Gewaltbereitschaft und Suizidneigung, Frankfurt am Main 2002.

Haas, Henriette: Gefährlichkeitseinschätzungen von Drohungen, in Kriminalistik 12/2004, S. 791–799.

Hahn, Sandra/Kraimer, Klaus: Logik der Tätereinschätzung bei Bedrohungs- bzw. Geisellagen, in: Kriminalistik 12/2013. S. 741–744.

Hoffmann, Jens: Gewalt verhindern, in: VDSI aktuell, Fachbericht, Juni 2010.

Hoffmann, Jens: Menschen entschlüsseln - Ein Kriminalpsychologe erklärt, wie man spezielle Analyse- und Profilingtechniken im Alltag nutzt, München 2015.

Hoffmann, Jens: The Virginia Tech Massacre as a Starting Point for Threat Assessment Programs in European Universities, in: Journal of Threat Assessment and Management 2017, Vol. 4, No. 2, 112–117.

Hoffman, Jens/Roshdi, Karoline (Hrsg.): Amok und andere Formen schwerer Gewalt. Risikoanalyse – Bedrohungsmanagement – Präventionskonzepte, Stuttgart 2015.

Hoffman, Jens/Roshdi, Karoline/Rohr, Rudolf von (Hrsg.): Bedrohungsmanagement. Projekte und Erfahrungen aus der Schweiz, Frankfurt am Main 2013.

Hoffmann, Jens/Wondrak, Isabel (Hrsg.): Häusliche Gewalt und Tötung des Intimpartners. Prävention und Fallmanagement, Frankfurt am Main 2006.

Horn, Philipp: Person droht zu springen. Ein Leitfaden zur Verhandlung mit Suizidanten, in: Notfall + Rettungsmedizin 6/2011, S. 491–196.

Jessel, Holger: Leiblichkeit – Identität – Gewalt. Der mehrperspektivische Ansatz der psychomotorischen Gewaltprävention, Wiesbaden 2010.

Keller, Christoph: Häusliche Gewalt, Stalking und Gewaltschutzgesetz. Leitfaden für polizeiliches Handel, 2. Auflage, Stuttgart 2016.

Kernberg, Otto F./Hartmann, Hans-Peter: Narzissmus. Grundlagen – Störungsbilder – Therapie, 2. Auflage 2012.

komba gewerkschaft nrw/Fachhochschule für öffentliche Verwaltung NRW (IPK) (Hrsg.) Sicherheit und Gewaltprävention in Kommunalverwaltungen, 2014, Quelle: www.komba-nrw.de/fileadmin/user_upload/laender/nrw/info/positionspapiere_stellungnahmen/2015/web_broschuere_gewaltpraevention_kommunen_2014.pdf (Stand: 26. Dezember 2019).

komba gewerkschaft nrw (Hrsg.): Übergriffe gegen Beschäftigte in Kommunalverwaltungen. Analyse und Handlungsempfehlungen, Köln 2019.

Krell, Gertraude (Hrsg.): Chancengleichheit durch Personalpolitik: Gleichstellung von Frauen und Männern in Unternehmen und Verwaltungen. Rechtliche Regelungen – Problemanalysen – Lösungen, Wiesbaden 1998.

MacKenzie, Rachel/McEwan, Troy/Pathé, Michele/James, David/Ogloff, James/Mullen, Paul: Stalking. Ein Leitfaden zur Risikobewertung von Stalkern – das „Stalking Risk Profile", Stuttgart 2009.

Marneros, Andreas: Affekttaten und Impulstaten. Forensische Beurteilung von Affekttaten, Stuttgart/New York 2007.

Marneros, Andreas: Intimizid. Die Tötung des Intimpartners. Ursachen, Tatsituationen und forensische Beurteilung, Stuttgart/New York 2008.

Meloy, Reid/Hoffmann, Jens: International Handbook of Threat Assessment, Oxford 2013.

Meltzer, Steffen: Ratgeber Gefahrenabwehr. So schützen Sie sich vor Kriminalität – Ein Polizeitrainer klärt auf, Potsdam 2018.

Ministerium des Inneren NRW (Hrsg.): Aktionsplan Gemeinsam gegen Gewalt - Aktionsbündnis zum Schutz von Feuerwehr- und Rettungskräften, online verfügbar, unter: www.im.nrw/system/files/media/document/file/Aktionsplan%20Stand%2001. 10. 2019.pdf (Stand 1. Februar 2020).

Miosga, Margit/Schele, Ursula: Sexualisierte Gewalt und Schule. Was Lehrerinnen und Lehrer wissen müssen, Weinheim 2018.

N. N.: Deine Kollegin – Ein Opfer?, in: Frauen im dbb, Nr. 2/2013, S. 4–5.

N. N.: 13 Tote bei Amoklauf in US-Stadtverwaltung, in: Süddeutsche Zeitung vom 1. Juni 2019, online verfügbar unter: www.sueddeutsche.de/panorama/usa-schiesserei-virginia-beach-1.4470648 (Stand: 07. Februar 2020).

Nolting, Hans-Peter: Lernfall Aggression. Wie sie entsteht, wie sie zu verhindern ist. Eine Einführung, 4. Auflage, München 2004.

Olweus, Dan: Gewalt in der Schule. Was Lehrer und Eltern wissen sollten – und tun können, München 2008.

Peil, Florian: Terrorismus. Wie wir uns schützen könnten, Hamburg 2016.

Polizeipräsidium Köln (Hrsg.): Sexuelle Gewalt Allgemeines, Präventionstipps und Rechte der Opfer, Köln 2017.

Polizeiliche Kriminalprävention der Länder und des Bundes (Hrsg.): Beschäftigte vor Übergriffen schützen. Eine Handreichung für Behördenleiter, Geschäftsführer sowie Personalverantwortliche, Stuttgart (ohne Datumsangabe), online verfügbar unter: www.polizei-beratung.de/medienangebot/detail/274-beschaeftigte-vor-uebergriffen-schuetzen/(Stand: 20. Februar 2020).

Polizeiliche Kriminalprävention der Länder und des Bundes (Hrsg.): NO STALK: App dokumentiert Belästigung, in: Sicherheitsmelder.de vom 15. Juli 2019, unter: www.sicherheitsmelder.de/xhtml/articleview.jsf?id=1563265120_40 (Stand: 17. Februar 2020).

Polndorfer, Claus: Der provozierte Suizid. Das Phänomen „Suicide by cop", Frankfurt am Main 2015.

Schneider, Barbara/Wetterling, Tilman: Sucht und Suizidalität, Stuttgart 2016.

Schönrock, Sabrina/Nettelnstroth, Wim (Hrsg.): Symposium zum Terroranschlag auf dem Berliner Breitscheidplatz, Stuttgart 2018.

Sirsch, Jan-Niclas/Glaz-Ocik, Justine/Hoffmann, Jens: Schwere Gewalt in Jobcentern Risikomerkmale & Präventionsansätze, in: Polizei & Wissenschaft 3/2014, S. 59–70.

Schmidt, Andreas/Wolfsperger, Naima: Jobcenter-Attacke: Mann kündigte Tat vorher an – antisemitischer Tweet aufgetaucht, in: Merkur vom 18. Januar 2020, online verfügbar unter: www.merkur.de/welt/jobcenter-rottweil-baden-wuerttemberg-messerattacke-mitarbeiterin-motiv-identitaet-twitter-zr-13445010.html (Stand: 07. Februar 2020).

Schmidt-Lellek, C.J.: Charisma, Macht und Narzissmus. Zur Diagnostik einer ambivalenten Führungseigenschaft, in: OSC 11 (1), 2004.

Schöngen, Dorothée: Die Entwicklung jugendlicher Identität in Abhängigkeit von der elterlichen Identität unter Berücksichtigung der elterlichen Erziehung als Einflussvariable, Köln 2005.

Schubert, Klaus/Klein, Martina: Das Politiklexikon, 7. Auflage, Bonn 2018.

Schwarzenegger, Christian/Brunner, Reinhard (Hrsg.): Bedrohungsmanagement – Gewaltprävention, Zürich/Basel/Genf 2017.

Schwindt, Hans-Dieter (Hrsg.): Ursachen, Prävention und Kontrolle von Gewalt: Analysen und Vorschläge der Unabhängigen Regierungskommission zur Verhinderung und Bekämpfung von Gewalt (Gewaltkommission) Bd. 1: Endgutachten und Zwischengutachten der Arbeitsgruppen, Berlin 1990.

Smeritschnig, Daniel: Das Prinzip des „Bösen“. Ursachen und Motive für kriminelles Verhalten, Linz 2016.

Staehelin-Witt, Elke: Konflikte im Job. Der ultimative Leitfaden, Hamburg 2018.

Stern, Henry: Bayern will seine Beamten besser vor Gewalt schützen, in: Main Post vom 19. 12. 2019, online verfügbar unter: www.mainpost.de/ueberregional/bayern/Bayern-will-seine-Beamten-besser-vor-Gewalt-schuetzen;art16683,10354070 (Stand: 03. Februar 2020).

Stolpmann, Georg: Psyhiatrische Maßregelbehandlung. Eine Einführung, Göttingen 2001.

Trauboth, Jörg H. (Hrsg.): Krisenmanagement in Unternehmen und öffentlichen Einrichtungen. Professionelle Prävention und Reaktion bei sicherheitsrelevanten Bedrohungen von innen und außen, Stuttgart 2016.

Wahl, Klaus: Aggressionen und Gewalt. Ein biologischer, psychologischer und sozialwissenschaftlicher Überblick, Heidelberg 2009.

Windemuth, Dirk: Gewalt am Arbeitsplatz. Bundesarbeitsblatt, 3(2005), S. 8–14.

Wirth, H.-J.: Narzissmus und Macht. Zur Psychoanalyse seelischer Störungen in der Politik, 3. Auflage, Gießen 2006.

Wirth, Ingo (Hrsg.): Kriminalistik-Lexikon, 4. Auflage, Heidelberg 2011.

Zühlke, Christina: Mord im Jobcenter Neuss: „Die Schreie habe ich immer noch im Ohr“, in: Spiegel Online vom 13. März 2014, unter: www.spiegel.de/panorama/mord-im-jobcenter-neuss-wie-die-kollegen-des-opfers-weiterarbeiten-a-958263.html (Stand: 25. August 2019).

Stichwortverzeichnis